가우스가 들려주는 근삿값과 오차 이야기

NEW 수학자가 들려주는 수학 이야기 87
가우스가 들려주는 근삿값과 오차 이야기

ⓒ 박현정, 2009

2판 1쇄 인쇄일 | 2025년 10월 30일
2판 1쇄 발행일 | 2025년 11월 13일

지은이 | 박현정
펴낸이 | 정은영
펴낸곳 | (주)자음과모음

출판등록 | 2001년 11월 28일 제2001-000259호
주소 | 10881 경기도 파주시 회동길 325-20
전화 | 편집부 (02)324-2347, 경영지원부 (02)325-6047
팩스 | 편집부 (02)324-2348, 경영지원부 (02)2648-1311
e-mail | jamoteen@jamobook.com

ISBN 978-89-544-5332-5 44410
      978-89-544-5196-3 (세트)

• 잘못된 책은 교환해 드립니다.

박현정 지음

NEW
수학자가 들려주는
수학 이야기
87

가우스가 들려주는
근삿값과 오차
이야기

㈜자음과모음

추천사

수학자라는 거인의 어깨 위에서
보다 멀리, 보다 넓게 바라보는
수학의 세계!

    수학 교과서는 대개 '결과'로서의 수학을 연역적으로 제시하는 경향이 강하기 때문에 학생들은 수학이 끊임없이 진화해 왔다고 생각하기 어렵습니다. 그렇지만 수학의 역사는 하나의 문제가 등장하고 그에 대해 많은 수학자가 고심하고 이를 해결하는 가운데 새로운 아이디어가 출현해 온 역동적인 과정입니다.

    〈NEW 수학자가 들려주는 수학 이야기〉는 수학 주제들의 발생 과정을 수학자들의 목소리를 통해 친근하게 이야기 형식으로 들려주기 때문에 학생들이 수학을 '과거 완료형'이 아닌 '현재 진행형'으로 인식하는 데 도움이 될 것입니다.

    학생들이 수학을 어려워하는 요인 중의 하나는 '추상성'이 강한 수학적 사고의 특성과 '구체성'을 선호하는 학생의 사고 사이에 존재하는 간극이며, 이런 간극을 줄이기 위해서 수학의 추상성을 희석시키고 수학 개념과 원리의 설명에 구체성을 부여하는 것이 필요합니다.

    〈NEW 수학자가 들려주는 수학 이야기〉는 수학 교과서의 내용을 생동감 있게 재구성함으로써 추상적인 수학을 구체성을 갖는 수학으로 변모시키고 있습니다. 또한 중간중간에 곁들여진 수학자들의 에피소드는 자칫 무료해지기 쉬운 수학 공부에 윤활유 역할을 해 줄 것입니다.

〈NEW 수학자가 들려주는 수학 이야기〉의 구성을 보면 우선 수학자의 업적을 개략적으로 소개하고, 6~9개의 강의를 통해 수학 내적 세계와 외적 세계, 교실 안과 밖을 넘나들며 수학 개념과 원리를 소개한 후 마지막으로 강의에서 다룬 내용을 정리합니다.

이런 책의 흐름을 따라 읽다 보면 각각의 도서가 다루고 있는 주제에 대한 전체적이고 통합적인 이해가 가능하도록 구성되어 있습니다. 〈NEW 수학자가 들려주는 수학 이야기〉는 학교 수학 교과 과정과 긴밀하게 맞물려 있으며, 전체 시리즈를 통해 학교 수학의 많은 내용들을 다룹니다. 따라서 〈NEW 수학자가 들려주는 수학 이야기〉를 학교 수학 공부와 병행하면서 읽는다면 교과서 내용의 소화 흡수를 도울 수 있는 효소 역할을 할 것입니다.

뉴턴이 'On the shoulders of giants'라는 표현을 썼던 것처럼, 수학자라는 거인의 어깨 위에서는 보다 멀리, 넓게 바라볼 수 있습니다. 학생들이 〈NEW 수학자가 들려주는 수학 이야기〉를 읽으면서 각 수학자의 어깨 위에서 보다 수월하게 수학의 세계를 내다보는 기회를 갖기를 바랍니다.

홍익대학교 수학교육과 교수 | 《수학 콘서트》 저자 박경미

> 책머리에

세상의 진리를 수학으로 꿰뚫어 보는 맛 그 맛을 경험시켜 주는 '근삿값과 오차' 이야기

　엘리베이터에 사람이 많은 경우, 과연 내가 타도 될까? 내가 사야 할 물건의 목록을 하나하나 나열하면서 자신이 가지고 있는 돈으로 그 물건을 모두 살 수 있을까? 아니면 얼마의 돈이 필요한가? 이와 같이 선택과 판단을 요구하는 상황에서는 누구나 오차가 있다는 것을 알면서도 결정을 내립니다.

　옛날 고대 사람들도 어떠한 측정에도 오차가 있다는 것을 알고 있었을 것입니다. 목욕을 하다가 넘치는 물의 무게와 자신의 체중이 같다는 것을 이야기하는 상황에도, 천문학에서 혜성의 궤도 계산에서도 말입니다. 그렇기 때문에 많은 학자가 정확한 근삿값을 얻기 위하여 오차를 줄이는 방법을 수천 년간 연구해 온 것입니다. 수천 년간 연구해 온 오차와 참값의 범위를 우리는 몇 페이지의 책으로 학습합니다. 그만큼 우리가 이해하는 과정에 어려움이 있을 수 있다는 것입니다.

　실제적인 예를 생각하고, 우리가 학습한 오차와 근삿값의 개념을 적용하여 생각하다 보면 어느덧 학자들이 발견했을 때의 기쁨과 유사한 즐거움을 경험할 수 있을 것이라고 생각합니다.

수학 교육에 관련된 많은 학자는 측정 영역에서 실생활 경험 중심의 수학적 소재를 찾아 학습 문제로 제시한 결과, 수학에 대한 흥미 유발과 동기 유발이 가능하였다고 합니다. 특히 미국의 경우는 측정이 다른 수학적 개념과 기능 발전에 도움이 되기 때문에 이를 강조한다고 합니다.

　이 책은 공식의 암기만을 요구하면서 학생들이 문제 해결에 몰두하기를 바라지 않습니다. 측정의 중요성은 어림하기나 수의 범위, 그리고 어림 측정이 평소 어떻게 사용되는지를 실생활의 이야기와 동화를 통해 설명합니다. 나아가 중학교에서 다뤄지는 근삿값과 오차에 대한 개념을 학습해야 하는 이유와 그것이 적용되는 일상 속 장면에서 학습을 출발합니다.

　측정값의 대표적인 예가 근삿값입니다. 여러분도 가우스와 함께 다양한 근삿값과 오차를 구하는 방법을 익혀서 실젯값인 참값이 존재하는 범위가 어떠한가를 여러분의 실생활에서 직접 찾을 수 있길 바랍니다.

박현정

차례

추천사	4
책머리에	6
100% 활용하기	10
가우스의 개념 체크	16

1교시
측정과 측정값   27

2교시
어림하기   45

3교시
수의 범위   69

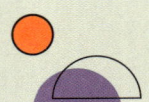

4교시
근삿값과 오차   91

5교시
근삿값의 표현   111

1 이 책은 달라요

《가우스가 들려주는 근삿값과 오차 이야기》는 근삿값과 참값 그리고 오차에 대한 개념과 의미 등에 관련된 내용을 실제적인 맥락과 이야기를 통해 학생들이 깨달을 수 있도록 도와줍니다. 학생들은 가우스 선생님과 교실 안팎에서 주변에 있는 대상이나 현상을 생각하면서 어림 측정을 통한 양감을 기를 수 있으며, 근삿값의 필요성과 사용 방법을 이해합니다. 먼저 첫 번째 수업과 두 번째, 세 번째 수업에서는 주로 실생활을 중심으로 측정과 측정값 그리고 어림수, 수의 범위에 대해 학습합니다. 그리고 네 번째와 다섯 번째 수업에서는 수학사와 천문학적 관점에서 통계적 개념의 기저가 되는 오차와 근삿값의 개념에 대해 학습할 것입니다. 우리는 학교 수학에서 참값의 범위가 '근삿값과 오차 한계의 합과 차' 사이에 존재한다고 배웁니다. 그렇다면 그 이유는 무엇일까요? 그런 이론은 어디에서 유도된 것이며, 또 어디에 적용할 수 있을까요? 본 책에서는 중학교에서 학습하는 근삿값에 대한 이론적 배경과 초등학교에서 학습했던 측정에 대한 개념을 실제적인 맥락 그리고 이론적인 기반을 바탕으로 이해할 수 있는 기회를 제공할 것입니다. 그리고 과거 많은 과학자와 수학자가 오차를 줄이기 위해 얼마나 많이 노력했는지 알 수 있을 것입니다. 이러한 내용은 실제적인 맥락을 떠나서는 생각할 수 없는 것입니다.

2 이런 점이 좋아요

❶ 측정과 어림 측정의 차이나 측정 단위와 구체적인 경험 사이의 연결 양감이 어떻게 이뤄지는가를 실제적인 이야기나 맥락을 통하여 이해하게 됩니다.

❷ 측정이나 근삿값, 그리고 참값의 범위와 유효숫자, 오차의 한계가 실생활에서 어떻게 사용되며, 우리는 그것을 어떻게 이용할 수 있는가에 대한 모든 내용을 학생 스스로가 이해할 수 있게 돕습니다. 특히 주변에서 볼 수 있는 생활 장면에서 근삿값이나 오차 개념이 어떻게 서로 관련되는가를 쉽게 이해할 수 있도록 할 것입니다.

❸ 중학생과 고등학생에게는 근삿값이나 참값 등에 대한 개념과 표현이 어떠한 분야에 적용되며, 학습을 하는 이유가 무엇인지를 알 수 있게 할 것입니다. 학생들은 근삿값과 오차에 관련된 수학적 이론통계적 이론 등과 연계적으로 사고할 수 있습니다.

3 교과 연계표

학년	단원(영역)	관련된 수업 주제 (관련된 교과 내용 또는 소단원명)
초 5	수와 연산	어림하기
비교과		

4 수업 소개

1교시 측정과 측정값

실제적인 현상을 중심으로 물질 속성에 따른 단위의 사용을 통해 측정과 어림 측정 방법을 알고 실제로 측정하여 측정값을 구할 수 있습니다.

- **선행 학습** : 대상의 속성에 따라 크기나 양을 측정할 수 있는 방법이 다르다는 경험을 해 봅니다.
- **학습 방법** : 책에서 서술된 내용 이해를 바탕으로 실제 자나 다른 도구를 사용하여 자신의 주변 물건의 크기나 양을 측정하면서 측정값을 구해 봅니다.

2교시 어림하기

실젯값에 가까운 근삿값을 구하는 방법이 올림, 버림, 반올림이라는 것을 실제적인 맥락 속에서 살펴보고 그 사용과 필요성을 생각하면서 구하는 방법을 익힐 수 있습니다.

- 선행 학습 : 측정값과 측정에 대한 이해와 양감을 이해합니다.
- 학습 방법 : 책에서 표기된 수치 등에 대하여 실제로 어림수를 구해 봅니다.

3교시 수의 범위

연속적인 수들을 계속적으로 나열하지 않고 그 범위를 나타낼 필요성이 있다는 것을 생각하게 하고, 그 방법으로 초과, 미만, 이상, 이하라는 용어를 사용하여 수의 범위를 나타낼 수 있습니다.

- 선행 학습 : 측정값을 포함한 어림수의 의미와 그 필요성을 이해합니다.
- 학습 방법 : 책에서 소개되는 상황이나 수의 범위에 대한 표현의 필요성과 그 방법을 직접 연필로 써 가면서 이해합니다.

4교시 근삿값과 오차

실제 현상에서 근삿값과 오차가 왜 존재하는 것이며, 그 의미는 무엇인지, 오차는 어떻게 구하는지 알아봅니다.

- 선행 학습 : 거듭제곱과 근삿값의 의미를 이해합니다.
- 학습 방법 : 가우스 선생님이 말씀하시는 예를 보면서 실제로 오차를 구해 봅니다.

5교시 근삿값의 표현

우리 주변에서 존재하는 근삿값은 대부분 측정을 통하여 얻어진 값이며, 그런 근삿값에서 의미 있는 숫자가 어떤 것인가를 깨닫고, 실제로 근삿값을 표현할 수 있는 방법을 알아봅니다.

- **선행 학습** : 근삿값과 오차의 의미, 오차의 한계를 구할 수 있습니다.
- **학습 방법** : 수학사나 실제적인 측정에서 구한 근삿값을 어떻게 표현하는가를 학습할 수 있습니다. 또한 근삿값에서 어떤 숫자가 의미 있는 숫자이며, 그 이유가 어떤 것인가를 이해할 수 있습니다.

가우스를 소개합니다

Johann Carl Friedrich Gauss(1777~1855)

　나는 고등학교 시절에 정수론整數論, 최소제곱법最小自乘法 등을 혼자서 연구했습니다. 1820년경부터 1850년경에 걸쳐서 정부의 측지 관계의 학술 고문을 맡아, 측량이나 자기 측량磁氣測量의 기초를 구축하였죠. 측량 관계의 방대한 데이터를 정리하는 데 내 이론인 최소제곱법이 도움이 되었어요. 1830년경에는 W. E. 베버와 함께 지구 자기地球磁氣의 측정 및 이에 대한 이론적 체계를 마련하였죠.

　나는 천문학에서 혜성의 궤도 계산에서 보다 정확한 근삿값을 얻기 위하여 오차를 줄이는 방법을 알아냈습니다. 이러한 나의 업적이 천문학, 측지학, 전기학에서 위대한 공헌을 하게 되었어요. 이런 업적을 인정받아 1807년에 괴팅겐 대학 교수 겸 천문대장으로 임명되었어요.

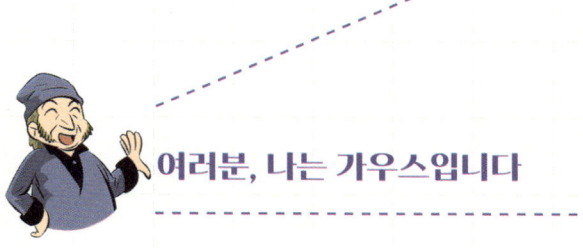

여러분, 나는 가우스입니다

안녕하세요. 내 이름을 듣자마자 '아하!' 하는 사람은 아마 1부터 100까지의 합을 구하는 유명한 일화 때문일 것 같아요. 맞나요? 하하!

나는 1777년 4월 30일 독일의 브라운슈바이크에서 태어났습니다. 나는 아주 어릴 때부터 계산을 좋아했고, 또 수학 공부하는 것을 즐겼어요. 하지만 아버지는 난폭하고 무서웠어요. 벽돌공이었던 아버지는 내가 아버지와 같은 일꾼이 되길 바라셨어요. 그렇지만 어머니는 나를 평범한 일꾼으로 만들고자 하지 않으셨어요. 그리고 내가 좋아하고 즐겨하던 수학에 대한 열정과 재능을 인정하셨던 것이죠. 그래서 어머니는 나를 위해 아버지와 많이 싸우셨던 기억이 납니다.

　내가 자연수의 합 이외에 어떤 연구를 했는지 궁금하죠? 그리고 내가 지금 여러분 앞에 선 이유도 궁금하죠? 지금부터 설명해 주겠습니다.

　나는 초등학교 때 이미 여러분도 잘 아는 일화처럼 자연수의 합을 구하는 방법을 발견했어요. 그것은 등차수열의 합을 구하는 공식입니다. 나의 방법을 보신 선생님은 가장 내용이 충실하다는 산술 교과서를 주셨어요. 나는 그것을 단숨에 읽어 버렸죠. 그 후부터는 선생님의 친구였던 파테르스가 대수학에서의 내 스승이 되었습니다. 파테르스 선생님께서는 브라운슈바이크공公이었던 페르디난트Ferdinand 공작에게 내 이야기를 하셨고, 나는 그분의 도움으로 카롤링 고등학교와 괴팅겐 대학을 마칠 수 있었어요.

　나는 고등학교 시절에 이미 정수론整數論, 최소제곱법最小自乘法 등을 혼자서 연구하였죠. 그리고 열아홉 살이던 1796년에 자와 컴퍼스만으로 정17각형을 작도하는 방법을 발견하였죠. 그때 나는 결심했습니다. 앞으로 나의 미래와 열정을 이 분야에 쏟을 것이라고 말입니다. 1796년에서 1814년까지 나는 과학

일기를 기록하였죠. 이 일기가 학계에 공표된 것은 내가 세상을 떠나고 43년이 지난 후입니다. 지금은 그 안에 기록된 146개의 기술 중에서 두 개만을 제외하고는 모두가 무엇을 의미하는지를 알게 되었다고 하더군요.

그리고 나는 스물두 살에 헬름슈테트 대학에서 학위를 받고, 다시 브라운슈바이크로 돌아와 페르디난트 공작의 도움을 받으면서 수학을 계속 연구하였죠. 1801년에 내가 저술한 유명한 《정수론 연구整數論硏究 : Disquistiones arithmeticae》는 2차 상호법칙의 증명을 풀이하는 것이었어요. 그리고 나는 'n차방정식은 복소수의 범위 내에서 n개의 근을 가진다.'는 대수학의 기본 정리 fundamental theorem of algebra의 증명에 대하여 학위 논문을 썼습니다.

나는 1820년경부터 1850년경에 걸쳐서 정부의 측지 관계의 학술 고문을 맡아, 측량이나 자기 측량磁氣測量의 기초를 구축하였죠. 측량 관계의 방대한 데이터를 정리하는 데 내 이론인 최소제곱법이 도움이 되었어요. 1830년경에는 W. E. 베버와 함께 지구 자기地球磁氣의 측정 및 이에 대한 이론적 체계를 마련하였죠. 괴팅겐에 자기 관측소를 설립하고, 측정을 위하여 자기 기록계를 제작하였으며, 또한 길이에 센티미터cm, 질량에 그램g, 시간에 초s와 같은 절대단위에 대한 절대단위계絕對單位系, 길이, 질량, 시간의 기본단위 크기가 시간, 장소, 기온 따위의 조건에 관계없이 변화하지 아니하는 단위계. 예를 들면, CGS 단위계, MKSA 단위계, SI 단위계 등를 도입해서 전자기학의 기초를 닦았어요.

그리고 1840년경부터는 오늘날의 위상 해석학位相解析學인 위치 해석학 및 복소변수의 함수와 관련된 기하학을 연구하였어요. 사람들은 나를 '괴팅겐의 거인巨人'이라고 부르기도 합니다.

또 측량 관계의 일이 자극이 되어 곡면 기하학에 대한 연구를 했어요. 곡면 기하학에 도입한 중요한 생각은 '곡률曲率'이었죠. 곡률은 한 곡선에 가장 잘 일치하는 원의 반지름으로 정의되는데 반지름이 작으면 작을수록 곡선은 갑자기 굽어지고, 이 점에서의 곡률은 커지게 됩니다. 면의 곡률도 이와 거의 같은 방식으로 정의된다는 이론입니다.

내 연구에서 영감을 얻은 제자인 독일의 리만G. F. B. Riemann은 1854년에 〈기하학의 기초를 이루는 가설〉이라는 논문을 썼어요. 미분기하학이라고 하면 추상적인 학문이라는 생각이 들어서 현실의 세계와는 관련이 없을 것처럼 보이죠? 하지만 사실 그렇지 않거든요. 그것이 밝혀진 것은 20세기였고, 1910년에 아인슈타인이 제창한 '일반 상대성 이론'에서 미분기하학은 중요한 역할을 하고 있답니다.

자! 이제 내가 여러분 앞에 서 있는 이유를 말할 때인 것 같습니다. 그 이유는 바로 천체 역학에 관한 업적 때문입니다. 나는 천문학에서 혜성의 궤도 계산에서 보다 정확한 근삿값을 얻기 위하여 오차를 줄이는 방법을 알아냈습니다. 이러한 나의 업적이 천문학, 측지학, 전기학에서 위대한 공헌을 하게 되었어요. 보다 자세히 설명하면 이렇습니다.

1801년 왜행성 케레스Ceres가 발견되자, 이 별의 궤도 결정이 문제로 대두되었고, 나는 이를 계산해 냈습니다. 그리고 그 이듬해 나는 소행성 팔라스Pallas의 궤도도 계산했습니다. 이러한 혜성에 대한 궤도 계산을 인정받아 1807년에 괴팅겐 대학 교수 겸 천문대장으로 임명되었어요.

나는 한 혜성의 궤도를 계산하는 데 한 시간 정도밖에 걸리지 않았습니다. 그러나 오일러의 방법으로 하면 3일이 걸린다고 하더군요. 이러한 천체 역학의 연구는 1820년대까지 계속되었어요. 이 행성의 궤도 계산법은 나의 논문 〈최소 오차로 연결

된 관측치의 결합에 대한 이론)을 통해 이전의 관측 오차 이론을 일반화시키고 수학적으로 엄밀한 최소제곱법을 오차 가능성에 대한 어떠한 가설과도 독립적인 관측법과 결합시키는 가장 적절한 방법입니다. 그 방법은 고등학교 재학 중에 발견한 방법입니다. 그것은 많은 측정을 하여 미지수의 수보다도 훨씬 많은 방정식을 얻어서, 가장 확실하다고 생각되는 미지수의 수치를 추정하는 방법입니다.

나는 이런 이야기를 하곤 했습니다. "누구라도 수학에 나만큼 깊이 몰두했다면 마찬가지의 성과를 거두었을 것이다."라고요. 무엇보다 중요한 것은 '고도의 집중력'입니다. 나는 가끔 몰두하면 내가 어디에 있었는가를 잊어버리곤 합니다. 그리고 한번 붙잡은 문제는 완전하게 풀어낼 때까지 포기하지 않아요.

여러분도 오늘부터 나와 함께 천문학과 통계학의 기초가 되는 근삿값과 오차에 대하여 공부해 보기로 합시다. 아마 학교에서 수학 시간이 기다려지게 될 것입니다.

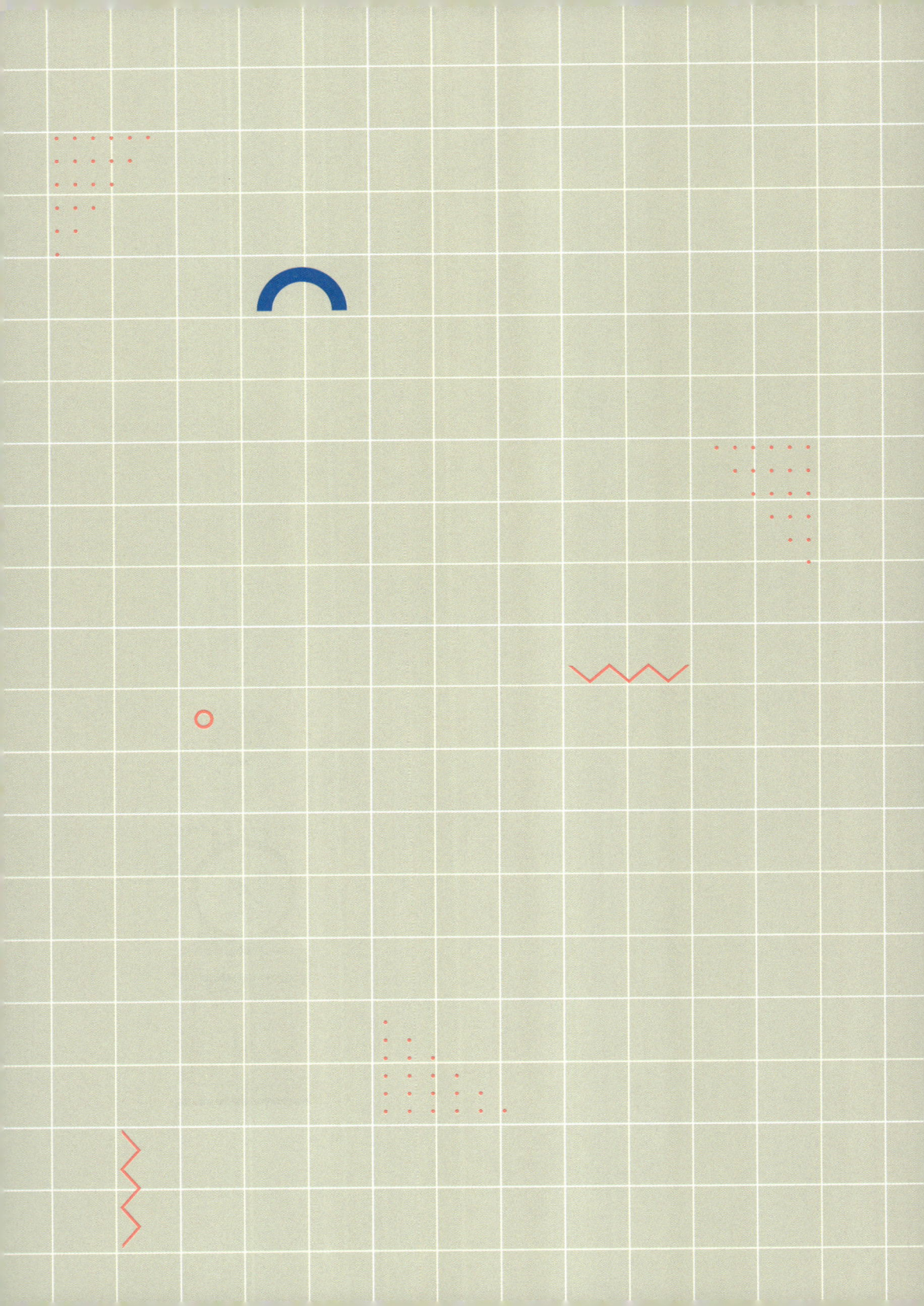

1교시

측정과 측정값

측정과 측정값의 의미를 이해하고
측정 단위를 이해합니다.

수업 목표

1. 측정과 측정값의 의미를 이해합니다.
2. 측정 단위를 이해합니다.
3. 실생활에서 사용되는 측정값을 이해합니다.

미리 알면 좋아요

1. **어림** 어림은 정확한 수, 계산, 측정하는 것과는 다르게 머리로 생각하는 활동이며, 측정 도구는 자, 각도기, 온도계, 체중계, 양팔 저울 등과 같이 물리적 속성에 관련된 단위로 비교하는 도구입니다.

2. **측정과 어림 측정** 어림 측정은 측정 도구를 사용하지 않고 측정하는 과정인 반면에, 측정은 물리적 대상의 속성을 미리 선택한 단위를 가지고 비교하는 과정입니다.

3. **단위**單位, unit 어떤 물리적인 양의 크기나 세기를 측정할 때 수치로 표현하기 위해 기준으로 삼는 일정량을 말하는 것입니다.

4. **측정값** 길이, 무게와 같은 어떤 양을 자나 저울 등으로 측정하여 얻은 값입니다.
① 길이 : 한 끝에서 다른 한 끝까지의 거리≒장長 — mm, cm, m, km
② 들이 : 통이나 그릇 따위의 안에 넣을 수 있는 물건 부피의 최댓값 — dl, ml, l, kl
③ 무게 : 물건의 무거운 정도≒중량重量 — g, kg, t
④ 넓이 : 일정한 평면에 걸쳐 있는 공간이나 범위의 크기 — a, ha, km^2, cm^2

⑤ 부피 : 넓이와 높이를 가진 물건이 공간에서 차지하는 크기 — cm^3, m^3

5. **절대단위계** 길이, 질량, 시간의 기본단위 크기가 시간, 장소, 기온 따위의 조건에 관계없이 변화하지 않는 단위계입니다. 예를 들어 CGS 단위계, MKSA 단위계, SI 단위계 등이 있습니다.

가우스의 첫 번째 수업

여러분, 안녕하세요? 나는 가우스입니다. 하하, 내가 인사할 때 여러분은 어떤 생각을 했을까요? 가우스는 잘생겼다? 키가 약 170cm에 못 미친다? 그리고 몸무게는 70kg 정도 될까? 이렇게 내 외모나 체격의 크기에 대한 추측을 했나요? 하하!

만약 이러한 추측을 했다면 그것은 여러분의 경험과 지식을 바탕으로 한 것이니 자부심을 가지면 됩니다. 그것은 절대단위에 대한 경험이 바탕이 되는 것이죠. 바로 이러한 측정 단위와 구체적인 경험 사이에서 생겨날 수 있는 감각이 바로 양감입니다. 예를 들어 내 키가 170cm에 못 미친다든지, 자신의 키와 비교해서 1m가 어느 정도 길이라는 것 등과 같이 양의 측정값과 구체적인 경험이 잘 연결되면 어느 정도 양감이 형성되는 것이죠. 이러한 양감은 우리 생활 속에 항상 있어요.

아침에 기온이 쌀쌀할 때, 우리는 온도를 어림합니다. 그 이유는 어떤 두께의 옷을 입어야 할까를 결정하는 데 중요한 단서가 되기 때문이죠. 그리고 여러분이 알고 있는 절대단위계는 내가 18세기 중엽에 괴팅겐에 자기 관측소를 설립하고, 측정을 위하여 자기 기록계를 제작하여 전자기학의 기초를 마련했을 때 도입했던 것입니다.

오늘 내가 여러분과 함께하는 수업은 바로 측정과 측정값에 대한 것입니다. 어떤 대상에 대한 길이나 무게, 부피 등에 관련된 개념을 이야기하려고 합니다. 그뿐만 아니라 눈이 펑펑 내리는 겨울에 자신의 발자국이 땅에 새겨지면 우리는 친구들의 발자국과 서로 비교하죠? 내 발이 더 크다, 네 발이 더 크다 하고 말입니다. 또 극장 앞에서는 어떤가요? 땅에 새겨진 영화배우들의 손이나 발을 보면 그냥 지나가지 않죠? 자신의 손이나 발을 그것에 대어 보면서 서로 크기를 비교해 보기도 합니다. 우리는 이처럼 우리 신체 부위를 활용하여 길이를 비교하는 것이 자연스럽습니다.

이처럼 신체 부위를 이용한 측정이 현대 절대단위 사용의 근거가 된 것 같아요. 관련된 옛날이야기 하나 들려줄까요?

옛날 유럽의 어느 작은 나라에 임금님과 아름다운 왕비님이 살고 있었어요. 그러던 어느 가을날 임금님은 고민에 빠졌죠. 그 이유는 15일 후에 찾아오는 왕비님의 생일 선물 때문이었어요. 임금님은 세상에서 가장 멋진 선물을 하고 싶었죠. 선물에 대한 고민을 하면서 창문을 바라보던 임금님은 갑자기 눈이 동그랗게 되었죠. 그것은 왕비의 시중을 드는 어린 여자아이가 왕비님의 구두를 들고 뛰어가는 모습 때문이었어요. 그렇습니다. 임금님께서는 왕비님이 구두를 좋아한다는 사실을 기억한 것이죠. 그래서 임금님은 그 나라에서 제일 유명한 구두 수선공을 불러서 왕비의 구두를 멋지게 만들 것을 명령하였죠. 후한 상금을 내릴 것을 약속하시면서 말이에요. 구두 수선공은 임금님께 물었죠. "임금님! 왕비님의 멋진 구두를 만들기 위해서 왕비님의 발 크기를 알아야 합니다." 임금님은 대답했어요. "알고 있다. 그래서 내가 왕비의 발 크기를 재어 두었다. 내 손으로 한 뼘이다. 허허." 임금님의 말씀을 듣고 구두 수선공은 바로 멋진 구두를 만들기 시작했어요. 5일이 지난 후, 구두가 완성되어 왕비님을 찾아가 수선할 곳이 있는지를 알아보았어요. 그런데 이게 어떻게 된 일입니까! 구두는 왕비의 발에 너무나도 작았어요. 왕비는 너무나 화가 나서 임금님을 찾아가 울었어요. 결국 구두 수선공은 감옥에 갇히게 되었죠. 감옥에 갇힌 구두공은 너무나도 억울해서 구두가 왕비님에게 맞지 않았던 이유에 대해서 고민하였어요. 마침내 4일이 지나서야 구두 수선공은 그 이유를 알게 되어 임금님께 구두가 왕비님에게 맞지 않았던 이유를 설명했죠. 구두 수선공은 세상에서 가장 작은 사람 가운데 한 사람일 정도로 키가 작았어요. 그리고 임금님께서는 그 나라에서 가장 큰 사람일 정도로 컸습니다. 그렇기 때문에 임금님의 손 크기와 구두 수선공의 손 크기는 아주 달랐답니다. 임금님은 아주 큰 손으로 그리고 구두 수선공은 아주 작은 손으로 왕비님의 발 크기를 쟀던 것이죠. 당연히 구두 수선공이 만든 구두는 왕비님의 발에 작았겠죠. 구두 수선공의 작은 한 뼘 크기로 만들어진 구두였으니까요! 이런 이유를 알게 된 임금님은 왕비님의 생일 전까지 구두를 완성하면 구두 수선공을 풀어 줄 것을 약속하였죠. 구두 수선공은 남은 6일 동안 임금님의 손 뼘으로 측정한 한 뼘 길이를 옮겨서 구두를 만들었습니다. 구두 수선공이 완성한 구두는 왕비님에게 아주 잘 맞았답니다. 당연히 구두 수선공은 후한 상금을 안고 집으로 돌아갈 수 있었죠.

자, 여러분! 지금까지 〈왕비의 생일 선물〉이라는 동화였어요. 재미있었나요? 그럼 내가 질문을 한 가지 하겠어요. 여러분의 생각에는 왕비님의 발 크기가 어떻게 될까요?

"제 손바닥 크기만 해요!"

"제 발보다 조금 클 것 같아요!"

"제 발보다는 조금 작을 것 같아요!"

동화 속 임금님도 여러분처럼 자신의 신체 부위인 손 뼘의 크기를 이용하여 왕비님의 발 크기를 측정한 것이죠. 이 이야기에서 문제가 된 것은 키가 작은 구두 수선공이 임금님의 '한 뼘'이라는 말을 듣고 자신의 손 뼘으로 한 뼘을 재서 구두를 만들었다는 점이죠. 하지만 다행이 구두 수선공은 그것을 깨닫고 다시 임금님의 손 뼘으로 한 뼘을 재서 구두를 만들었죠.

이와 같이 어림 측정은 우리 실생활 속에 있답니다. 이러한 어림 측정은 그냥 만들어지는 것이 아니라, 특정한 단위로 비교가 가능한 측정 도구를 사용하는 측정을 경험함으로써 생깁니다. 어림 측정이나 측정은 모두 측정값을 얻기 위한 것입니다.

임금님이나 구두 수선공은 측정 도구를 사용하지 않고 손 뼘으로 측정하여 '한 뼘'이라는 측정값을 알아보았어요. 이때 '손뼘'이 단위가 되는 것이죠. 하지만 왕과 구두 수선공이 사용한 단위는 둘 모두에게 공통적으로 일정한 값은 아니었습니다. 이렇게 여러 사람이 함께 모여 사는 현대 사회에서는 공통적인 일정한 단위가 필요합니다. 그래서 만들어진 것이 요즘 여러분이 자를 사용하여 길이를 나타내는 cm, m, inch, km, mile 등과 같은 길이에 대한 표준 단위, 즉 절대단위입니다. 우리나라에서는 신장이나 발의 크기를 센티미터cm나 밀리미터mm를 사용하지만, 외국의 경우는 인치inch나 피트feet를 사용합니다. 피트feet는 영어인 발foot의 복수형입니다. 실제 그 단위의 유래가 한 발의 크기를 단위로 표현하였다는 점은 정말 신기합니다. 바로 우리 신체 부위를 사용하여 측정값을 얻으려 했던 것이 길이 측정에 대한 표준화 단위가 되었으니 말입니다.

현대는 측정 도구를 사용하여 표준화된 측정값을 중요시 합니다. 측정값은 측정 도구의 표준 단위가 몇 개인가를 수치로 나타낸 것이죠. 따라서 길이, 무게, 부피, 시간 등에 따라 단위가 달라지죠. 앞에서 설명한 것처럼 측정값의 유형은 길이나 무게, 부피, 시간, 각도 등에 따라 다른 표준 단위를 사용합니다.

세계 여러 나라가 모두 표준 단위를 사용하지만 나라마다 조금씩 차이도 있어요. 우리는 구두나 운동화와 같은 신발을 사러 상점에 가면 무엇을 발견합니까? 그렇습니다. 발 크기를 공통된 단위로 나타내고 있다는 것을 알 수 있습니다. 우리나라의 경우는 앞서 말한 대로 신발의 치수를 표기하는 단위로 밀리미터mm를 사용합니다. 신발 바닥에 보면 작은 숫자로 225, 240, 260…… 등과 같이 표기되어 있습니다. 얼핏 보면 수치만 보이는 것 같지만, 그 뒤에는 작게 mm라고 표기되어 있습니다. 하지만 외국의 경우에는 다른 단위를 사용하기도 합니다. 그것은 인치inch입니다. 1인치는 2.54cm이고, 12분의 1피트입니다.

이런 길이의 단위는 18세기 중엽 단위를 통일하려는 노력 하에 당시 길이의 표준, 즉 미터의 기준에 대한 두 가지 관점 가운데 채택된 것이랍니다. 하나는 진자가 1초 동안 절반의 주기를 갖게 하는 진자의 길이였고, 다른 하나는 지구 둘레의 $\frac{1}{4}$ 길이의 천만분의 일의 길이를 1미터로 하자는 것이었어요. 프랑스 혁명 직후부터 지구 둘레의 $\frac{1}{4}$에 대한 천만분의 일을 1미터로 하였다고 해요. 그 이유는 중력의 크기가 지구의 지역마다 다르다는 것을 발견했기 때문이라고 해요. 그래서 당시 미터의 정의는 파리를 지나는 적도로부터 북극까지 사분원의 길이에 천만분의 일을 곱한 것으로 결정하였습니다. 그러나 그 미터는 현행 미터보다 약 0.2밀리미터 짧았어요. 왜냐하면 당시에는 지구 자전으로 지구가 약간 평평해지는 것을 몰랐기에 제대로 고려하지 못한 까닭이죠. 미터m 이외에 다른 길이 단위는 다음과 같은 것이 있어요.

길이의 단위

1 Feet피트
대략 신발의 끝에서 끝까지 가장 긴 거리 정도. 12인치.

1 Inch인치
25.4밀리미터로 대략 손가락 한 마디 길이.

1 Yard야드
1미터가 약간 안 되는 거리. 36인치, 3피트, 0.9144미터.

1 Mile마일
1.6킬로미터 정도의 거리.

측정값은 길이뿐만 아니라 시간이나 무게, 길이, 질량, 부피, 온도 등이 있습니다. 각각의 측정값에 따라 다양한 단위를 사용하여 표기하는 방법도 다양하게 나타납니다. 물론 모든 사람들이 각각 다른 단위를 사용하는 것은 아닙니다. 물건이나 대상의 속성에 따라 공통된 단위를 사용합니다.

시간은 시계를 사용하여 그 양을 측정하며 시, 분, 초의 단위를 사용합니다. 이러한 시간의 단위 중에 본래 1초는 태양일태양이 떴다가 다음 날 다시 뜨는 시간의 $\frac{1}{86400}$로 정의되었다고 합니다.

86,400이라는 숫자는 어떻게 나온 것일까요? 하루는 24시간이고, 1시간은 60분이고, 1분은 60초라는 것은 아시죠? 따라서 하루는 24×60×60초입니다. 즉, 1일은 86,400초입니다.

이와 같이 단위에 대한 국제적인 표준화는 SI를 바탕으로 하는 것입니다. 보통 약자는 영어인 경우가 많지만 SI는 프랑스어인 Le Systéme International d'Unités의 약어입니다. 영어로는 The International System of Units이고요. 이것은 대부분의 국가에서 공동 채택하고 있는 표준 단위 구조인데 그 기본단위에는 일곱 가지가 있고 또 그 일곱 가지의 기본단위를 이용해 유도단위를 만들기도 합니다. 한편 그 일곱 가지 단위는 다음과 같습니다.

기본단위	영어 표기	약어
길이	meter[미터]	m
질량	kilogram[킬로그램]	kg
시간	second[초]	s
전류	ampere[암페어]	A
(열역학적)온도	kelvin[캘빈]	K
물질의 양	mole[몰]	mol
빛의 세기	candela[칸델라]	cd

측정은 우리 생활에서 매우 중요한 것입니다. 그렇다면 측정은 어떤 순서로 어떻게 이뤄져야 할까요? 중요한 것은 측정되어야 할 대상을 확인하고 적당한 단위와 그 과정을 생각하는 것입니다. 만일 리본의 길이를 알고자 할 때, 그것은 길이라는 속성이 적용되며 단위로는 센티미터나 미터 등으로 측정해야 된다는 생각을 합니다. 그러나 만약 자가 없다면 우리는 어림 측정을 합니다. 어림 측정은 그냥 만들어지는 것이 아니며, 표준 단위와의 비교를 통해서 가능한 것입니다. 예를 들면 1cm, 1m의 크기를 자기 몸의 부분인 손톱이나 팔의 크기로 알아보는 것입니다. 그리고 1l들이 물의 양은 적당한 그릇이나 병에 담아서 알아보거나, 무게의 경우는 1kg 무게의 물을 기준으로 100g, 500g의 무게를 알아보고, 1분의 시간은 눈을 감고 수를 세는 등으로 알아봄으로써 어림 측정에 대한 감각을 기를 수 있어요. 그리고 그런 단위를 반복적으로 사용하여 측정할 수 있는 것입니다.

자! 이제 측정값을 표현하는 방법에 대하여 생각해 봅시다. 아니, 벌써 시간이 다 되었네요! 그러면 다음 시간에 측정값인 어림수를 표현하는 방법에 대하여 알아봅시다. 안녕.

수업 정리

우리는 실생활 장면에서 얼마나 많은 측정을 하며, 측정값을 사용하고 있는가를 실제로 볼 수 있으며, 생각할 수 있었어요. 각 용어에 대하여 다시 한번 정리해 볼까요?

❶ 측정

어떤 방법과 기술을 가지고 양을 수치화하는 것을 의미하며, 길이나 부피, 들이, 시간 등과 같은 속성을 미리 선택한 다음 해당 단위를 가지고 비교하는 과정입니다.

❷ 측정값

측정값이란 시간, 길이, 무게, 부피, 각도, 넓이 등과 같은 어떤 양을 자나 저울 등과 같은 측정 도구로 측정하여 얻은 값입니다.

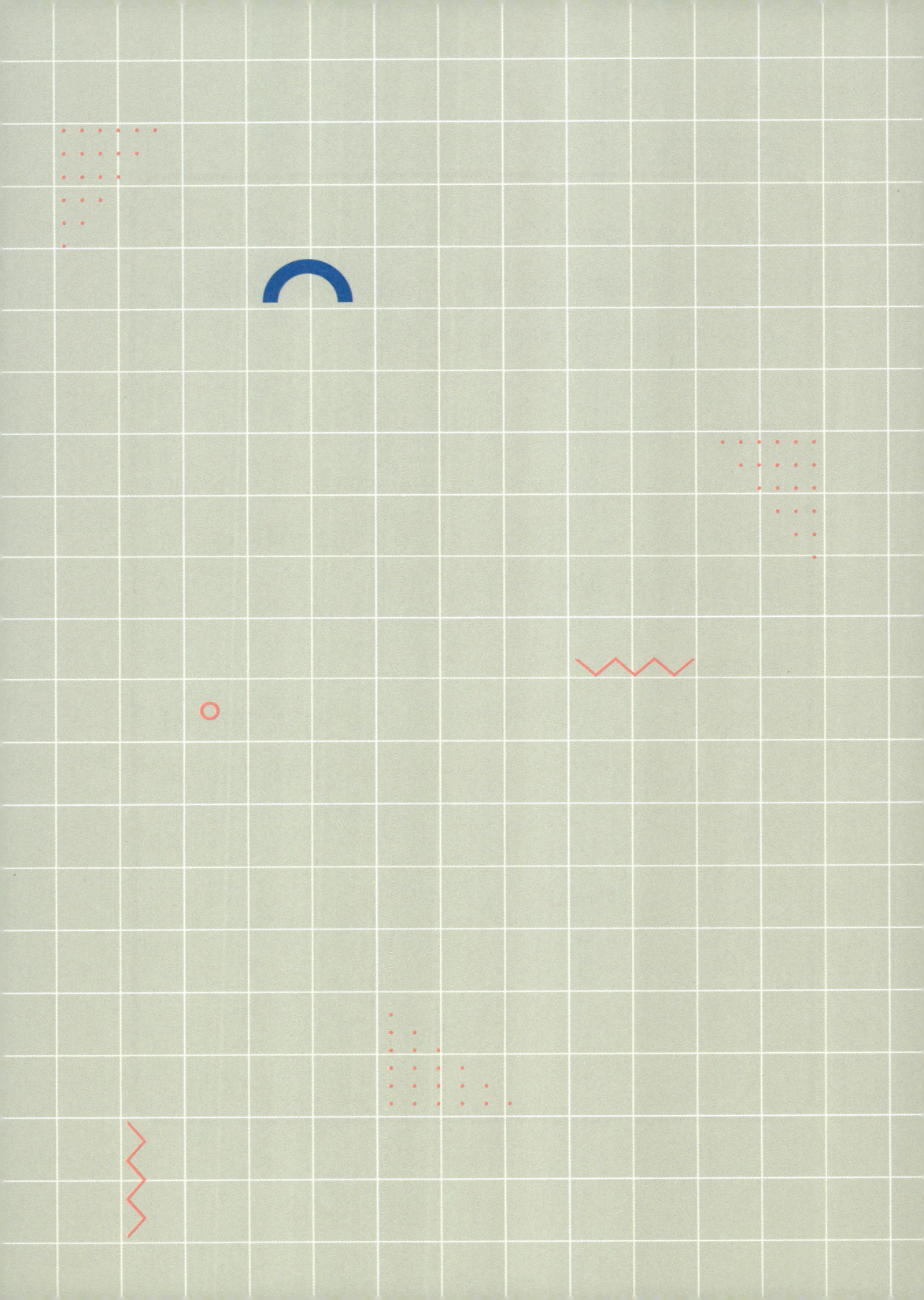

수업 목표

1. 반올림, 올림, 버림의 의미를 알 수 있습니다.
2. 반올림, 올림, 버림의 필요성을 인식하여 생활에 활용할 수 있습니다.

미리 알면 좋아요

1. **어림** 대강 짐작으로 헤아림 또는 그런 셈이나 짐작을 말합니다.

2. **어림수** 정확한 수가 아닌 개략概略으로 나타낸 수로 개수概數라고도 하는데 실제의 값은 알고 있으나 그대로의 정밀한 값을 사용할 필요가 없는 경우 또는 실제의 정확한 값을 알 수 없을 경우 등에 쓰입니다.

3. **올림, 버림** 구하려는 자리의 아래 수를 올려서 나타내는 방법을 올림이라고 하며, 구하려는 자리의 아래 수를 버려서 나타내는 방법을 버림이라고 합니다.

4. **반올림** 구하려는 한 자리 아래 숫자가 0, 1, 2, 3, 4이면 버리고, 5, 6, 7, 8, 9이면 올리는 방법을 반올림이라고 합니다.

가우스의 두 번째 수업

안녕하세요. 두 번째 시간입니다. 오늘은 교실에 있는 학생의 수가 어제보다 더 많아진 것 같아요! 내 짐작으로 어림해 보면 약 50명 정도 될 것 같군요.

"48명입니다!"

내가 여러분의 수를 반올림했군요. 어림수군요! 우리나라 말에도 이러한 어림수를 나타내는 단어가 있죠. '3, 4'와 같은 경우를 '서너'라고 하고, '2, 3, 4'를 '두서너'라고 하는데 여러분도 자주 사용하시죠? 이처럼 정확한 수가 아닌 개략(概略)적인 수를 실생활에서는 많이 사용하죠. 특히 어떤 사물이나 대상의 크기나 양에 대하여 주로 사용하죠.

여러분, 코끼리 좋아하죠? 우리나라에 코끼리가 처음으로 들어온 것이 언제인지 아나요? 조선 태종 12년 때입니다. 일본에서 처음으로 친선의 명목으로 코끼리를 조선으로 보낸 것이죠. 그때는 코끼리가 아니라, 코가 길다고 해서 '코길이'라고 불렀다고 해요. 그리고 그때 들어온 코끼리가 암컷인 인도코끼리였다는 추측이 있어요. 인도코끼리는 얼마나 클까요?

"우리 학교 교문만 해요."

하하, 인도코끼리는 암회색으로 몸길이가 약 6m이고, 꼬리 길이는 약 1.4m, 키는 약 3m 정도예요. 수컷과 암컷의 차이가 있는데, 암컷은 키 2m, 체중은 최대 5,000kg까지 나가고, 수컷은 키 3.3m, 몸무게 8,000kg까지 나가는 코끼리도 있다고 해요. 그리고 걷는 속도는 시속 6.4km이며 달리는 속도는 최대 시속 48km 정도이고, 물은 코로 빨아들여 입으로 집어넣는데, 한번에 5.7l가량의 물을 빨아들이며 1일 최대 190l까지 마십니다. 대단하죠? 암컷은 보통 10세에 분만을 합니다. 그리고 임신

기간은 평균적으로 약 623.5일입니다. 그리고 수명은 60~70년 정도라고 합니다.

자! 여기서 측정값을 찾아볼까요?

"가우스 선생님께서 말씀하신 모든 수가 측정값 아닌가요? 그런데 정말 다양한 측정값이 있네요, 선생님."

그래요. 다양한 측정값으로 제시되는 어림수들은 정확한 실젯값은 아닙니다. 그리고 소수점 이하 자리가 길 때나 수가 복잡할 때는 더 간략하게 표현하기도 합니다. 제가 지금 한 것처럼 말이죠, 하하. 인구수를 나타낼 때도 그렇습니다.

요즘 신문 기사에서는 '우리나라 거주 인구수 5천만 시대'라고 보도합니다. 여기서 '5천만'이라는 인구수는 어림수입니다. 그렇다면 어떻게 '5천만'이라는 숫자가 나온 것일까요?

자, 이제부터 우리가 익숙하게 말하고 듣는 어림수를 구하는 방법에 대하여 이야기하고자 합니다.

어떤 어림수를 얻기 위해서 우리는 실제의 수에서 구하고자 하는 끝자리의 이전 자리를 '버림' 또는 '올림' 등으로 처리하거나 '반올림'으로 처리합니다. 대부분 '반올림'으로 처리할 때가 많아요. 우리나라 인구수의 경우는 50,000,000이라는 수는 천만 자리까지 나타내기 위해서 그 이전 자리인 백만의 자리에서 버림이나 반올림을 한 것이죠. 자, 그럼 하나하나 차근차근 설명하겠습니다.

버림과 올림

여러분, 내일 학교에서 열리는 바자회를 알고 있나요? 불우한 이웃을 돕기 위한 행사랍니다. 바자회에 내놓을 물건을 만들어야 하는데 우리는 무엇을 준비할까요? 제가 준비하고자 하는 것은 코끼리입니다. 그런데 이 코끼리를 냉장고에 넣어야 해요.

냉장고에 코끼리를 넣어 볼까요? 어떻게 냉장고에 큰 코끼리를 넣을 수 있을까요?

"선생님! 바자회에 코끼리를 어떻게 상품으로 판매하나요? 그리고 냉장고에 코끼리를 어떻게 넣을 수 있나요?"

하하, 이 코끼리는 비닐입니다. 이 안에 물을 넣어서 냉장고에서 얼리려고 해요. 코끼리가 얼면 꺼내어 비닐을 벗겨서 예쁜 코끼리 모양의 얼음 인형을 만들고자 하는 것이죠. 그러면 그것을 아이스박스에 넣어 내일 바자회에서 판매를 하려는 것입니다. 이제 이해되죠?

여기 물 62,478ml가 있어요. 코끼리 한 마리를 만들기 위해서는 100ml가 필요합니다. 그렇다면 최대한 많은 코끼리를 만들기 위해서 필요한 물의 양은 얼마인가요?

"코끼리 한 마리당 필요한 물의 양은 100ml이므로 62,478ml

를 100으로 나누면 되지 않나요?"

 그래요. 그러면 몫은 624이고, 나머지는 78이죠. 그런데 한 마리당 물은 100ml가 필요하므로 100ml가 안 되는 물은 필요가 없습니다. 그러니까 우리에게 필요한 물은 62,400ml입니다. 정리하면 62,478ml에서 한 마리당 필요한 물은 100ml이므로 전체 물의 양은 백의 자리까지 구하면 되는 것입니다. 그러므로 구하고자 하는 자리는 백의 자리가 되는 것이죠. 이때 백의 자리 아래의 수는 의미가 없습니다. 따라서 그 아래 수를 버려야 하는 것이죠. 이와 같은 방법을 버림이라고 하는 것입니다.

 자, 이제 코끼리를 속성으로 얼립시다. 코끼리가 얼려면 조금 기다려야 하겠죠?

 코끼리가 다 얼었네요! 그럼 이제 이 코끼리들을 포장해야 합니다. 우선 한 마리씩 머리에 리본을 달아 줍시다. 먼저 리본을 만들어야 하는데, 리본 하나 만드는 데 필요한 끈의 길이는 10cm입니다. 그러나 가게에서는 1m 단위로 끈을 판다고 합니다.

 그러면 여기 있는 624마리의 코끼리 모두에게 리본을 달아 주기 위해서 끈을 몇 cm 사야 하는지 알아볼까요?

우선 한 마리당 리본이 한 개이므로 10cm의 끈이 필요합니다. 그러면 전체적으로 6,240cm의 끈이 필요한 것이죠. 그런데 끈을 1m 단위로 판매를 한다고 하니 어떻게 해야 할까요?

우리에게 필요한 끈의 길이는 6,240cm입니다. 그렇지만 끈을 100cm 단위로 판매를 한다고 하니 40cm가 필요하다고 해도 100cm를 사야 하는 것입니다. 따라서 끈의 길이는 백의 자리까지 나타내야 하는 것이고 그 아래 수를 올려서 나타내야 하는 것입니다.

그러므로 6,240은 십의 자리에서 올리면 6,300이 되는 것이죠. 그러므로 우리는 끈을 6,300cm 사야 하는 것입니다.

이와 같이 구하려는 자리의 아래 수를 올려서 나타내는 방법을 올림이라고 합니다. 우리는 올림을 하여 어림수 6,300을 구한 것입니다.

자, 이제 코끼리를 큰 아이스박스에 넣어 보관했다가 내일 바자회에 내놓기로 해요. 아이스박스 한 상자에는 100마리씩 들어갈 수 있어요. 그리고 한 상자당 1000원입니다. 그렇다면 우리는 큰 아이스박스를 사야 합니다.

우선 코끼리는 6,240마리입니다. 한 상자당 100마리가 들어간다고 하니까 코끼리를 전부 넣기 위해서는 백의 자리까지 나타내야 해요. 그러므로 백의 자리까지 올림을 해야 합니다. 그래서 6,300마리가 들어간다고 생각을 하고 63개의 아이스박스를 준비해야 돼요. 그리고 아이스박스 한 상자를 구입하기 위해서는 1,000원이 필요하니까 모두 63,000원이 필요합니다.

이렇게 우리는 6,240마리의 얼음 코끼리 인형을 준비해서 내일 바자회에서 판매할 것입니다. 얼음 코끼리 인형을 준비하기 위한 자금 문제나 수익금 이야기는 오늘 수업을 정리하는 시간에 이야기하기로 해요.

올림이나 버림 이외에 어림수를 나타내는 방법이 또 없을까요? 내가 수업 초반에 여러분의 수를 반올림하였다는 이야기를 하면서 시작을 했어요. 기억나나요?

그럼 반올림에 대한 이야기를 시작하죠.

반올림

여러분에게 키와 몸무게를 물어보면 무엇이라고 답하겠습니까?

만일 여러분의 키가 152.6cm이고, 몸무게가 38.4kg이라면 키와 몸무게를 어떻게 표현하나요?

"153cm와 38kg이요. 하하!"

그래요. 대부분 152.6cm는 153에 더 가깝기 때문에 153cm라고 해도 틀리지 않다고 생각합니다. 그리고 몸무게의 경우 38.4kg은 39kg보다 38kg에 더 가깝기 때문에 정당한 어림수라고 생각합니다.

이와 같이 나타낸 어림수가 반올림한 것입니다. 우리가 자연스럽게 사용하던 방법이죠?

다른 예를 한번 봅시다.

통계청 자료에 의하면, 2023년 현재 한국 총인구는 51,325,329명이며, 남자는 25,565,736명이고 여자는 25,759,593명입니다.

수가 너무 복잡하니 어림수로 표현합시다. 남자와 여자 인구 수는 각각 몇만 명인가요?

남자의 수를 수직선에 나타내 보면 다음과 같아요.

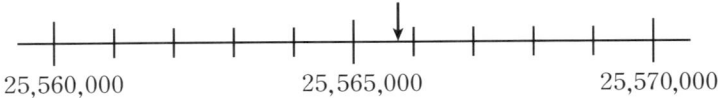

25,565,736명은 25,560,000과 25,570,000 중에서 어느 쪽에 더 가깝습니까? 물론 25,570,000에 더 가깝습니다. 여기서는 버림보다 올림이 실젯값에 가깝습니다. 따라서 반올림은 실젯값에 더 가까운 어림수를 구할 수 있는 방법이라고 볼 수 있는 것이죠.

그럼 이번에는 여자의 수를 수직선에 나타내 볼까요?

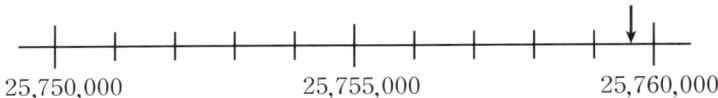

25,759,593명은 25,750,000과 25,760,000 중에서 어느 쪽에 더 가깝습니까? 위의 수직선에서 제시된 바와 같이 25,760,000에 더 가깝습니다. 따라서 25,759,593을 만의 자리까지 반올림하여 나타내기 위해서는 천의 자리에서 0, 1, 2, 3, 4인 경우는 버리고 5, 6, 7, 8, 9인 경우는 올리는 것입니다. 따라서 25,759,593

을 만의 자리까지 반올림한 어림수로 나타내면 25,760,000이 됩니다.

> **쏙쏙 이해하기**
>
> **버림** 구하려는 자리의 아래 수를 버려서 나타내는 방법을 버림이라고 합니다.
>
> **올림** 구하려는 자리의 아래 수를 올려서 나타내는 방법을 올림이라고 합니다.
>
> **반올림** 구하려는 자리의 한 자리 아래 숫자가 0, 1, 2, 3, 4이면 버리고, 5, 6, 7, 8, 9이면 올리는 방법을 반올림이라고 합니다.

버림, 올림 그리고 반올림

여러분, 오늘 우리가 배운 버림, 올림 그리고 반올림에 대한 수업 내용을 한번 정리해 봅시다. 정리 전에 우리가 해야 할 일이 있어요. 우리가 만든 얼음 코끼리 인형들의 준비 자금과 수익금에 대한 이야기입니다.

코끼리 한 마리당 1,000원을 받고 팔려고 합니다. 그러면 우리는 얼마의 수익을 얻게 되는 것이죠?

전체 코끼리가 6,240마리이니까 전체 수익은 6,240,000원이 되겠네요. 그럼 우리가 완전하게 얻은 수익은 얼마일까요?

우선 끈을 구입하는 데 63,000원과 1ml당 1원의 돈으로 물을 샀으니까 물 구입비는 62,478원입니다. 그리고 아이스박스를 구입하는 데는 63,000원을 사용하였습니다. 그러면 전체 총 수익인 6,240,000원에서 얼음 코끼리 인형을 만드는 데 사용한 금액인 188,478원을 빼면 순이익을 구할 수 있죠. 그러면 순이익금은 6,051,522원이랍니다.

그러면 순이익금이 어느 정도 양인지를 생각해 보기 위해서 이렇게 생각해 봐요.

만 원짜리로 바꾸면 얼마까지 바꿀 수 있을까요?

만 원짜리로 바꾼다는 것은 버림을 해서 만의 자리까지 나타내라는 것과 같아요. 버림을 해서 나타내면 6,050,000원이 되겠죠.

그러면 천 원짜리로 바꾸면 얼마까지 바꿀 수 있나요? 마찬가지로 버림을 해서 천의 자리까지 나타내는 것과 같기 때문에 어림수로 나타내면 6,051,000원이 됩니다.

순이익금을 6,051,522원을 천 원짜리의 지폐와 동전으로 바꿔서 지갑에 넣어야 합니다. 한 지갑당 10,000원이 들어간다고 합니다. 그렇다면 몇 개의 지갑을 준비해야 하나요?

　우선 천 원짜리로 바꾼 돈은 6,051,000원입니다. 그리고 동전은 522원이 됩니다. 한 개의 지갑당 10,000원이 들어간다고 했으니까 만의 자리까지 올림으로 나타낸 어림수를 생각하면 됩니다. 따라서 어림수는 6,060,000원이고 지갑은 606개를 준비하면 됩니다. 605개의 지갑에는 만 원짜리 지폐가 10장씩 들어가지만 나머지 지갑 한 개에는 1,522원이 들어가는 것입니다.

이제 여러분, 올림과 버림이 정리되나요? 하하. 그렇다면 반올림은 어떤 상황에서 생각해 볼 수 있을까요?

여기 있는 얼음 코끼리 인형의 키와 다리 길이, 코 길이를 상품 설명서에 기록해야 합니다. 그런데 상품 설명서에서는 1cm 단위로 나타내야 합니다. 가까운 곳의 눈금으로 기록하는 것으로 하죠. 그런데 제가 아까 줄자로 길이를 재 보니 이렇더군요.

코 길이는 5.5~5.8cm, 다리 길이는 3.2~3.4cm이고, 코끼리의 신장은 13.5~13.8cm입니다. 얼음이 언 정도에 따라 약간의 차이가 있는 것 같아요. 그렇다면 각각의 길이를 어떻게 기록해야 될까요?

이런 경우는 반올림해야 합니다. 1cm 단위로 하여 가까운 곳의 눈금을 읽어야 하니 반올림하여 일의 자리까지 어림수로 나타내라는 것입니다.

그러므로 코 길이는 6cm, 다리 길이는 3cm이고, 코끼리의 키는 14cm가 되는 것입니다.

"선생님, 반드시 하나의 수로 표기를 해야 하는 것일까요? 그냥 수의 범위를 그대로 표기하면 되잖아요?"

그래요. 수의 범위를 나타내는 방법도 있습니다. 그 이야기는 다음 시간에 하도록 해요.

 이제 상품 설명서도 다 썼으니 내일 바자회에서 열심히 판매해 볼까요? 그리고 우리 손으로 벌어들인 수익금을 학교에 제출하면 학교에서는 불우 이웃을 위해서 그 수익금을 기부할 것입니다.

 내일은 바자회이니 정신이 없을 것이고, 우린 그다음 날 만나서 수의 범위를 이야기해요. 안녕.

수업 정리

반올림, 올림, 버림 해서 얻은 수를 어림수라고 합니다. 그렇다면 어림수를 어떻게 구하는지 다시 한번 정리해 봅시다.

❶ 올림

412를 십의 자리까지 나타내기 위해서 십의 자리 아래 수를 올려서 420으로 나타낼 수 있어요. 백의 자리까지 나타내기 위해서는 백의 자리 아래 수를 올려서 500으로 나타낼 수도 있답니다.
이와 같이 구하려는 자리의 아래 수를 올려서 나타내는 방법을 올림이라고 합니다.

❷ 내림

62,567원을 백의 자리까지 나타내기 위해서 백의 자리 아래 수를 버려서 62,500원으로 나타낼 수 있고, 천의 자리까지 나타내기 위해서는 천의 자리 아래 수를 버려서 62,000원으로 나타낼 수 있어요.
그리고 만의 자리까지 나타내기 위해서는 만의 자리 아래 수를 버려서 60,000원으로 나타낼 수 있습니다.

이와 같이 구하려는 자리의 아래 수를 버려서 나타내는 방법을 버림이라고 합니다.

❸ 반올림

674를 십의 자리까지 나타내기 위해서 십의 자리 아래 수를 버려서 670으로 나타낼 수 있어요. 그리고 백의 자리까지 나타내기 위해서는 백의 자리 아래 수를 올려서 700으로 나타낼 수 있어요.

이와 같이 구하려는 자리의 한 자리 아래 숫자가 0, 1, 2, 3, 4이면 버리고 5, 6, 7, 8, 9이면 올리는 방법을 반올림이라고 합니다.

가우스와 함께하는 쉬는 시간 1

신문에서 찾을 수 있는 근삿값

다음은 최근 학교 급식에 관한 신문 기사의 일부입니다. 기사에 나오는 근삿값과 참값이 무엇인지 생각해 보고, 직접 근삿값에 관련된 문제를 만들어 보세요.

"어머니, 옛날엔 도시락을 다 집에서 싸서 다녔잖아요. 하루에 최고 몇 개까지 싸 보셨어요?"
"한 여섯 개쯤? 고등학교 다니던 큰 애들은 점심, 저녁 두 개씩 싸서 다니고, 작은 애들은 하나씩 싸고. 아이고, 말도 마라. 반찬 통, 밥통이랑 수저 챙기는 것도 보통 일이 아니었으니까. 좋은 반찬은 싸 주지도 못했어. 어쩌다 달걀부침이라도 얹어서 주면 운 좋은 날이었지."
그동안은 도시락을 싸지 않아도 된다는 것만으로도 충분히 고마운 터라 가정 통신문을 통해 알려주는 식단도 자세히 들여다보지 않았다. 그런데 지령이 떨어졌다. "아이 급식비가 어느 정도 해요?"로 시작된 편집부의 기사 청탁. 발단은 '라면이 울고 갈 급식비…… 1인당 급식비가 1,400원 정도'라는 기사였다. 서울 시내 초등학교 서른여섯 곳을 알아본 결과, 학교마다 한 끼당 싸게는 1,400원, 비싸게는 3,500원 정도의 급식비가 든다는 것.

학교의 홈페이지에 들어가니 '급식 게시판' 코너 안에 자세한 정보가 소개되어 있다. 월별 학교 급식 안내문에는 급식비 내역과 그 달의 예정 식단이 소개되어 있고, 매주 올라오는 주간 급식 계획표에는 식재료의 원산지와 영양 성분이 꼼꼼히 표시되어 있다.

우리 아이가 다니는 학교의 경우, 한 끼 식대는 1,870원으로 매월 18회에서 22회 정도의 식사를 하게 되므로 34,000원에서 41,000원 정도의 금액을 내게 된다. 개당 330원 하는 우유 급식까지 포함하면 40,000원 이상의 금액이 들지만 쌀, 김치, 고기, 식육 가공품 모두 국내산만 쓰고 있고, 식단 또한 다양하고 영양학적으로도 잘 짜여 있는 점을 감안하면 솔직히 감사한 금액이다. 게다가 구청의 지원을 받아 친환경 무농약 쌀로 밥을 짓는단다.

출처 : 오마이뉴스

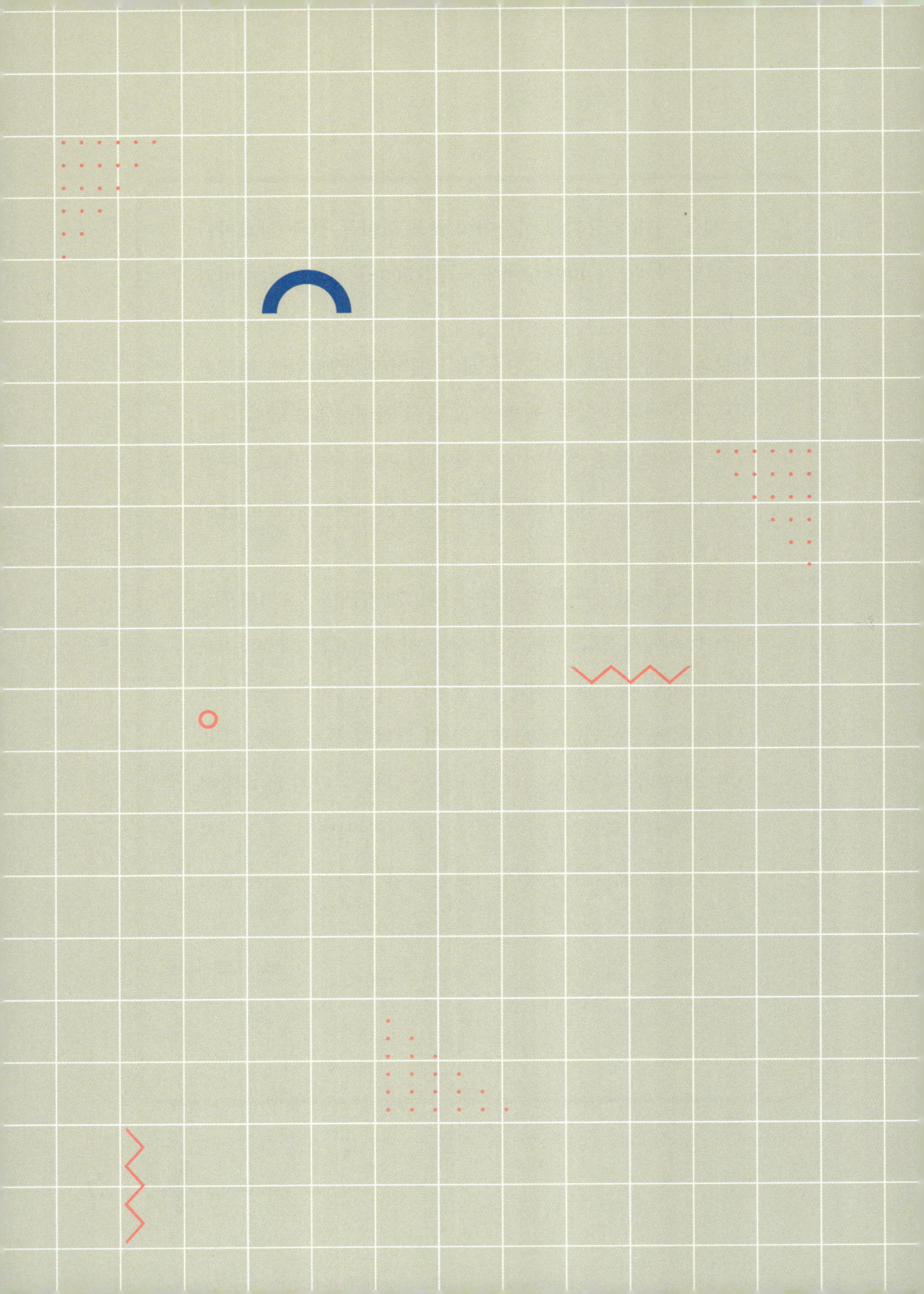

3교시

수의 범위

수의 범위를 나타내 봅시다.

수업 목표

1. 이상, 이하, 초과, 미만의 뜻을 알 수 있습니다.
2. 수의 범위를 나타낼 수 있습니다.

미리 알면 좋아요

1. 수의 크기 비교
'보다 큽니다', '보다 작습니다', '같습니다'와 같은 표현을 사용합니다.

2. 백분율 전체의 수량을 100으로 하여, 생각하는 수량이 그중 몇이 되는가를 가리키는 수퍼센트로 나타냅니다. 기호는 %입니다. 이 기호는 이탈리아어 cento의 약자인 %에서 왔습니다. $\frac{1}{100}$(0.01)이 1%에 해당합니다. 오래전부터 실용 계산의 기준으로 널리 사용되고 있습니다. 원형 그래프 등에 이용하면 이해하기 쉽습니다.

3. 수의 범위에 대한 사전적 의미
① 초과 : 일정한 수나 한도 따위를 넘는다는 것을 의미합니다.
② 미만 : 정한 수효나 정도에 차지 못하거나 그런 상태를 말하는 것입니다.
③ 이상 : 수량이나 정도가 일정한 기준보다 더 많거나 나음을 뜻하며, 또한 기준이 수량으로 제시될 경우에는 그 수량이 범위에 포함되면서 그 위인 경우를 나타냅니다.
④ 이하 : 수량이나 정도가 일정한 기준보다 더 적거나 모자람을 뜻하며 기준이 수량으로 제시될 경우에는 그 수량이 범위에 포함되면서 그 아래인 경우를 가리킵니다.

가우스의 세 번째 수업

안녕하세요. 오늘은 세 번째 수업 시간입니다.

요즘 보고 싶은 영화가 있나요? 여러분은 놀이공원에 놀러가서 모든 기구를 탈 수 있나요? 내가 왜 이런 질문을 하는지 이제부터 설명하겠습니다.

우리 생활에서는 숫자로 나타난 대상이 자주 등장합니다. 특히 우리나라 인구수, 경제 성장률, 상품 판매량, 날짜나 우리 신체의 크기나 무게, 나이 등과 같이 말입니다. 특히 이러한 수에 대하여 범위가 정해지는 경우도 있습니다.

예를 들면 줄넘기 급수표, 학생건강체력평가제도, 수행 평가 점수, 영화 등급만 12세, 15세, 18세 이상, 놀이기구 탑승 키, 몸무게 제한, 엘리베이터의 사용 인원 제한, 무게 제한 그리고 주민등록증 발급 나이나 선거 자격의 나이 등과 같이 말입니다.

이상과 이하

여러분이 보고자 하는 영화가 만 12세, 15세, 18세 이상이라고 하면 몇 살부터 볼 수 있다는 것인가요? 가능한 나이를 알아보기 위해서는 '이상'의 의미를 알아야 합니다.

이상以上이라는 것은 한자의 뜻으로 설명하자면 '~위에 있다'라는 의미입니다. 그것은 '주어진 수와 같거나 큰 수'라는 뜻이죠. 따라서 극장 포스터에 '만 12세 이상'이라는 것은 나이가 12세, 13세, 14세와 같이 12세를 포함하여 12세보다 나이가 많은 경우에 영화를 볼 수 있다는 것입니다. '만 15세 이상'이라고 하면 15세를 포함하여 이보다 많은 나이의 학생은 볼 수 있다는 뜻입니다.

엘리베이터를 타고 보면 몸무게 제한이 기록되어 있는 것을

본 적이 있나요? 만일 엘리베이터에 '1,350kg 이하'라고 기록되어 있는 경우를 생각해 보세요. 엘리베이터에서는 보통 한 사람의 몸무게를 65kg으로 계산을 하는 경우가 많습니다. 그렇다면 여러분이 타고자 하는 엘리베이터에 이미 20명이 타고 있다면 여러분이 탈 수 있을까요?

우선 65×20＝1,300이므로 50kg 이하인 경우에 탈 수 있다고 가정할 수 있을 것입니다. 하지만 그날따라 엘리베이터에 탄 사람이 모두 체중이 많이 나간다면 아마 못 탈 수도 있을 것입니다. 그리고 반대의 경우라면 조금 더 체중이 나가도 되겠죠?

그러면 지금 '이하'라는 용어를 사용하였는데 그 의미가 무엇일까요?

이하以下라는 것은 한자의 뜻으로 설명하자면 '~부터 아래'라는 의미죠. 그것은 '주어진 수와 같거나 작은 수'를 말하는 것입니다.

1,350kg 이하라는 것은 1,350kg과 같거나 이보다 작은 무게가 가능하다는 것입니다. 그리고 제가 50kg 이하라고 했을 때도 마찬가지로 50과 같거나 이보다 작은 수인 49, 48, 47⋯⋯ 등과 같은 수를 말하는 것입니다.

초과와 미만

학생 여러분은 아직 성장하고 있기 때문에 식사를 잘하고 운동도 열심히 해야 합니다. 게임 등으로 움직이지 않고 컴퓨터 앞에만 앉아 있으면 키가 크지 않을 수 있어요.

자, 그럼 정상 체중이라는 것은 어떻게 구하는 것일까요?

우선 내 몸무게를 맞혀 볼래요? 내 몸무게는 68kg 초과 70kg 미만인 자연수입니다. 얼마일까요?

"선생님! 초과와 미만은 무엇을 의미하는 것이죠?"

초과超過는 한자의 뜻으로 설명하자면 '넘고 지남'을 의미합니다. 우유를 컵에 담을 경우에 컵을 초과한다는 것은 우유가 차고 넘치고 있다는 것을 의미하는 것이죠. 따라서 68kg 초과라는 것은 68kg보다 큰 수를 말하는 것입니다.

미만未滿은 한자의 뜻으로 설명하자면 '차지 않았다'는 의미입니다. 미치지 못함을 설명하는 것이죠. 따라서 70kg 미만이라는 것은 70kg보다 작은 수라는 것입니다. 이 두 조건, 즉 68보다 크고 70보다 작은 자연수는 69이지요? 따라서 내 체중은 69kg입니다.

문제를 하나 내 볼까요? '5, 6, 7, 8, 9, 10'이라는 수들을 초과와 미만을 사용하여 나타내면 어떻게 될까요?

"4 초과 11 미만입니다."

그렇습니다! 초과는 해당 수가 포함되지 않고 그보다 큰 수를 말하는 것이기 때문에 하나 작은 수에서 출발하여야 하고,

미만의 경우도 해당 수를 포함하지 않고 그보다 작은 수를 말하는 것이니 하나 큰 수를 말해야 하는 것입니다.

쏙쏙 이해하기

이상과 이하 이상은 주어진 수와 같거나 큰 수를 말하며, 이하는 주어진 수와 같거나 작은 수를 말한다.

초과와 미만 초과는 주어진 수보다 큰 수를 말하며, 미만은 주어진 수보다 작은 수를 말한다.

그럼 이제 표준 체중을 구하는 방법을 알아보고 나를 포함해서 여러분이 정상 체중인가를 한번 생각해 보기로 해요. 표준 체중을 구하는 방법은 다음과 같습니다.

키가 160cm보다 클 경우 $(신장-100) \times 0.9$

키가 150cm보다 같거나 크고, 160cm보다 같거나 작을 경우
$$\frac{(신장-150)}{2}+50$$

키가 150cm보다 작을 경우 $(신장-100) \times 0.1$

위에서 수의 범위를 나타내는 조건을 '이상, 이하, 초과, 미만'을 사용하여 표현하면 다음과 같이 말할 수 있겠죠.

키가 160cm보다 클 경우 : 160cm 초과

키가 150cm보다 같거나 크고, 160보다 같거나 작은 경우 : 150cm 이상 160cm 이하

키가 150cm보다 작은 경우 : 150cm 미만

그럼 내 키는 165cm이므로 표준 체중은 $(165-100) \times 0.9 = 58.5$kg입니다. 나는 69kg이므로 표준 체중보다 좀 더 나가는군요! 허허, 운동을 해야겠군요. 그럼 내가 비만인지 알아볼까요?

표준 체중에 의한 비만 분류 방법은 '(현재 체중)÷(표준 체중)×100'입니다. 그리고 그 결과에 의해 분류하는 것이죠.

[표준 체중에 의한 비만 분류]

90% 미만이면 저체중

90% 이상 110% 미만이면 정상 범위

110% 이상 120% 미만이면 과체중

그 외에도 경도 비만, 중도 미만, 고도 비만으로 나눠죠.

나는 '69÷58.5×100'을 하면, 약 118%입니다. 그러면 110%

이상 120% 미만의 수의 범위에 속하니까 과체중입니다. 이런! 정말 오늘부터 당장 운동을 시작해야겠군요.

이상과 이하, 초과와 미만을 수직선에 나타내 봅시다!

아래 글은 어떤 학생의 일기장에 기록된 내용 중 일부입니다.
"아빠가 주시는 용돈은 항상 5,000원 이상에서 25,000원 미만인 범위에 속한다. 한 번도 예외인 적이 없는 것 같다. 한 번쯤은 그 수의 범위를 벗어났으면 한다."
그렇다면 이 학생의 용돈에 대한 수의 범위를 아래 수직선에 나타내 봅시다.

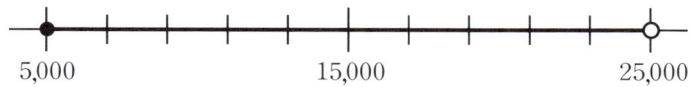

위에서 나타나는 바와 같이 '이상'은 '같거나 큰 수'이기 때문에 5,000을 포함합니다. 따라서 색칠된 원으로 표기합니다. 하지만 포함되지 않는 경우는 색칠하지 않은 원으로 표기하죠.
'미만'의 경우는 '보다 작은 수'를 나타내는 것이기 때문에

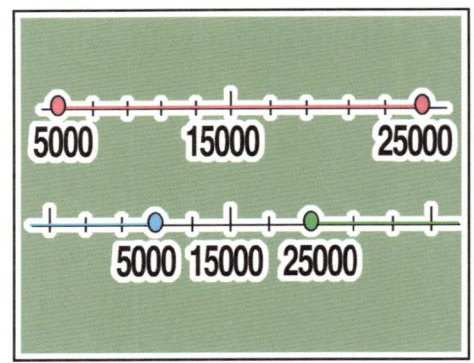

25,000을 포함하지 않죠. 따라서 '5,000원 이상 25,000원 미만'인 경우는 5,000과 같거나 큰 수이면서 25,000보다 작은 수를 말하는 것이고, 진하게 표시된 선은 그 선에 해당되는 수들을 포함한다는 의미인 것입니다.

자! 그러면 그 학생은 용돈이 한번쯤은 그 범위를 벗어나는 것이라고 했어요. 많기를 바라는 것이겠죠? 하지만 그 학생이 바라는 용돈의 범위는 두 가지 경우가 있죠? 하나는 5,000원 미만이고, 다른 하나는 25,000원 초과죠. 만일 후자의 경우라면 다행이겠지만 전자의 경우는 아마 바라지 않을 겁니다. 하하.

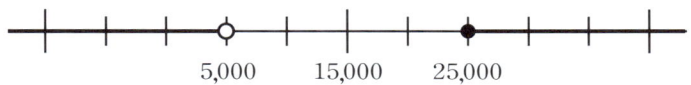

5,000원 이상의 반대는 5,000원 미만이 될 것이고 25,000원 미만의 반대는 25,000원 이상이죠!

여러분, 우리는 지금까지 어림수를 나타내고, 수의 범위를 나타내는 방법에 대하여 공부했어요. 그렇다면 이제 여러분의 생각을 발전시켜 볼까요?

여러분의 즐거운 시간이 아닌 때는 언제죠?

"중간고사, 기말고사 등등 시험 시간이요!"

하하! 그렇다면 여러분이 100점을 받는 순간은 즐거운 시간이겠네요? 그렇다면 이제 내 수업에서는 100점을 받을 수 있는 학생들의 점수 범위를 좀 변화시키겠어요. 일의 자리에서 반올림해서 점수를 드리겠어요!

"와! 정말이세요?"

물론입니다. 자! 그럼 100점을 받을 수 있는 학생들의 점수 범위는 어떻게 될까요? 이때 점수는 모두 자연수라고 생각합니다.

"반올림인가요? 올림 해 주시면 좋은데……."

'반올림'입니다! 100점을 받을 수 있는 학생들의 점수 범위를 말해 보세요.

"95점, 96점, ……, 99점, 100점이요! 그러니까 우리가 배운 대로 말씀드리면 95점 이상 100점 이하입니다."

그렇다면 아까 어떤 학생이 말한 것처럼, '올림' 해서 100점을 받을 수 있는 학생들의 점수 범위는 어떻게 될까요?

"91점부터 돼요! 100점까지요! 그러니까 90점 초과 100점 이하, 아니면 이렇게 해도 될까요? 91점 이상 101점 미만."

물론입니다.

여러분, 마음이 좀 편해지지 않나요? 하하! 다른 문제도 한번 생각해 보죠.

사람의 머리카락 수는 신생아 때 약 300개가량 된다고 해요. 그리고 계속 조금씩 늘어나서 사춘기 때는 약 10만 개가 되고, 그 이후부터는 새로 나오는 머리카락 수보다 빠지는 수가 더 많아져서 40대가 되면 약 7만 개가 된다고 합니다. 그리고 60대 이후부터는 약 3만 개로 줄어든다고 하죠.

제가 말한 머리카락의 수는 모두 어림수죠? 그렇다면 실제로 어떤 수가 반올림이나 올림, 버림으로 이런 어림수가 되는가를 생각해 봅시다.

다섯 자리 수 중에서 반올림하여 40대의 머리카락 수인 7만이 되는 수는 어떤 수인가요?

그리고 버림을 해서 7만이 될 수 있는 수는 어떤 수인지 말해 보세요!

먼저 버림을 해서 70,000이 될 수 있는 수들을 생각해 봅시다. 버림은 구하고자 하는 자리 아래 수를 버리는 것이므로, 반드시 만의 자리는 7이어야 한다는 것을 기억해야 해요!

그러므로 70000, 70001, 70002, ……, 79999입니다. 그러면 80,000은 안 될까요? 80,000은 만의 자리 아래에서 버리면 80,000이 되므로 우리가 구하려는 수를 뛰어 넘습니다.

그러므로 70,000 이상 80,000 미만이어야 합니다.

따라서 다음 수직선에서 파란색으로 표시된 부분에 있는 수들이 포함될 것입니다.

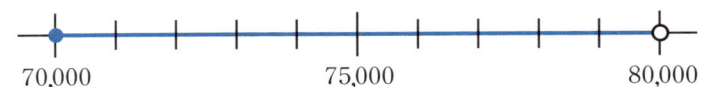

70,000부터 시작해서 80,000을 제외한 파란 선 부분의 수가 포함될 것입니다.

만일 올림으로 구한 어림수가 70,000이라면 어떨까요?

올림을 해서 70,000이 되는 수이어야 합니다. 따라서 60,001부터 70,000이 되는 것입니다.

"60,000은 안 되나요?"

60,000은 올림을 해도 60,000입니다. 따라서 60,000 초과 70,000 미만입니다.

다음에 제시된 수직선에서 붉은 선으로 표시된 부분에 있는 수들이 실젯값들이 될 것입니다.

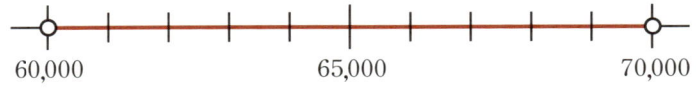

"60,000을 올림 하여 만의 자리까지 구하면 70,000이 될까요?"

60,001은 올림 하여 만의 자리까지 어림수를 구하면 70,000이

되지만 60,000은 그대로 60,000입니다. 예를 들면, 한 상자에 1만 개의 콩이 들어간다고 했을 때, 6만 개의 콩을 넣기 위해서는 6개의 상자가 필요합니다. 그리고 60,001개의 콩을 넣기 위해서는 7개의 상자가 필요한 것이죠. 따라서 60,000은 실젯값에서 제외해야 합니다.

이제 반올림의 경우를 생각해 봅시다.

반올림해서 70,000이 되는 수는 어떤 수일까요?

"……."

아무도 대답하지 않는군요. 그럼 이렇게 접근해 보기로 해요. 반올림해서 70,000이 될 수 있는 가장 작은 수는 어떤 수죠?

"65,000입니다."

그렇습니다. 64,999는 어떤 자리에서 반올림을 하더라도 70,000이 되지 않습니다. 하지만 65,000은 반올림하여 만의 자리까지 나타내고자 할 때 70,000이 되는 수입니다.

그렇다면 반올림해서 70,000이 되는 가장 큰 자연수는 어떤 수일까요?

"69,999입니다!"

아닙니다. 70,000이 되는 수이기는 하지만 가장 큰 수는 아닙니다. 만의 자리에 7이 있으면 안 되나요?

"아! 74,999입니다."

그렇습니다. 가장 작은 수와 가장 큰 수는 천의 자리 수를 반올림하는 경우를 생각하시면 됩니다. 따라서 65,000 이상 75,000 미만입니다.

수직선으로 나타내면 다음 그림과 같습니다.

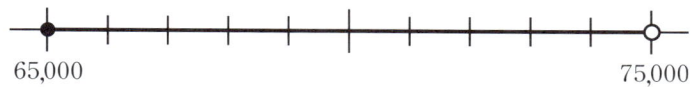

이상과 같이 올림, 버림 그리고 반올림으로 나타낸 어림수가 될 수 있는 실제 수를 나열해 보고 또 수의 범위를 찾아보았습니다.

사실 이러한 어림수와 실제 수에 대한 나열이나 범위가 바로 앞으로 우리가 학습하게 될 근삿값과 참값의 범위입니다.

중학교에서는 이러한 내용을 보다 어려운 용어를 사용하여 학습하게 되죠. 그런데 여러분은 그 내용을 벌써 이렇게 이해할 수 있으니까 엄청나게 앞으로 나아가고 있네요?

그리고 중학교에서 학습한 내용은 다시 중학교나 고등학교에서 학습하게 되는 통계학 개념의 기초가 될 것입니다.

다음 시간에서는 오늘 학습한 실제 수를 참값으로 그리고 어림수를 근삿값으로 배울 것입니다. 그뿐만 아니라 참값의 범위,

그리고 실젯값과 근삿값의 차이인 오차에 대하여 학습할 것입니다.

모든 사물에 대해서는 오차가 존재합니다. 이것은 아주 오래된 생각일 것입니다. 이러한 오차에 대한 법칙을 찾고 밝히기까지는 수천 년의 시간이 걸렸지요.

다음 시간에는 근삿값과 오차에 대한 이론을 공부하고자 합니다. 그럼 다음 시간에 봅시다. 안녕!

수업정리

❶ 이상, 이하
이상은 주어진 수와 같거나 큰 수를 말하며, 이하는 주어진 수와 같거나 작은 수를 말합니다.

❷ 초과, 미만
초과는 주어진 수보다 큰 수를 말하며, 미만은 주어진 수보다 작은 수를 말합니다.

❸ 수의 범위를 수직선에 나타내기

① 5,000 이상 25,000 미만

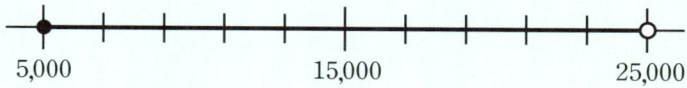

② 60,000 초과 70,000 이하

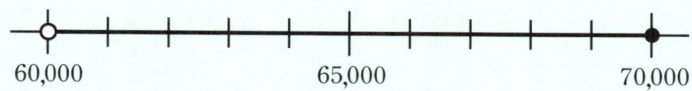

이상과 이하는 수직선에 해당하는 값이 포함되므로 색칠된 원으로 표시하고, 초과와 미만은 수직선에 해당하는 값이 포함되지 않으므로 색칠하지 않은 원으로 표시합니다.

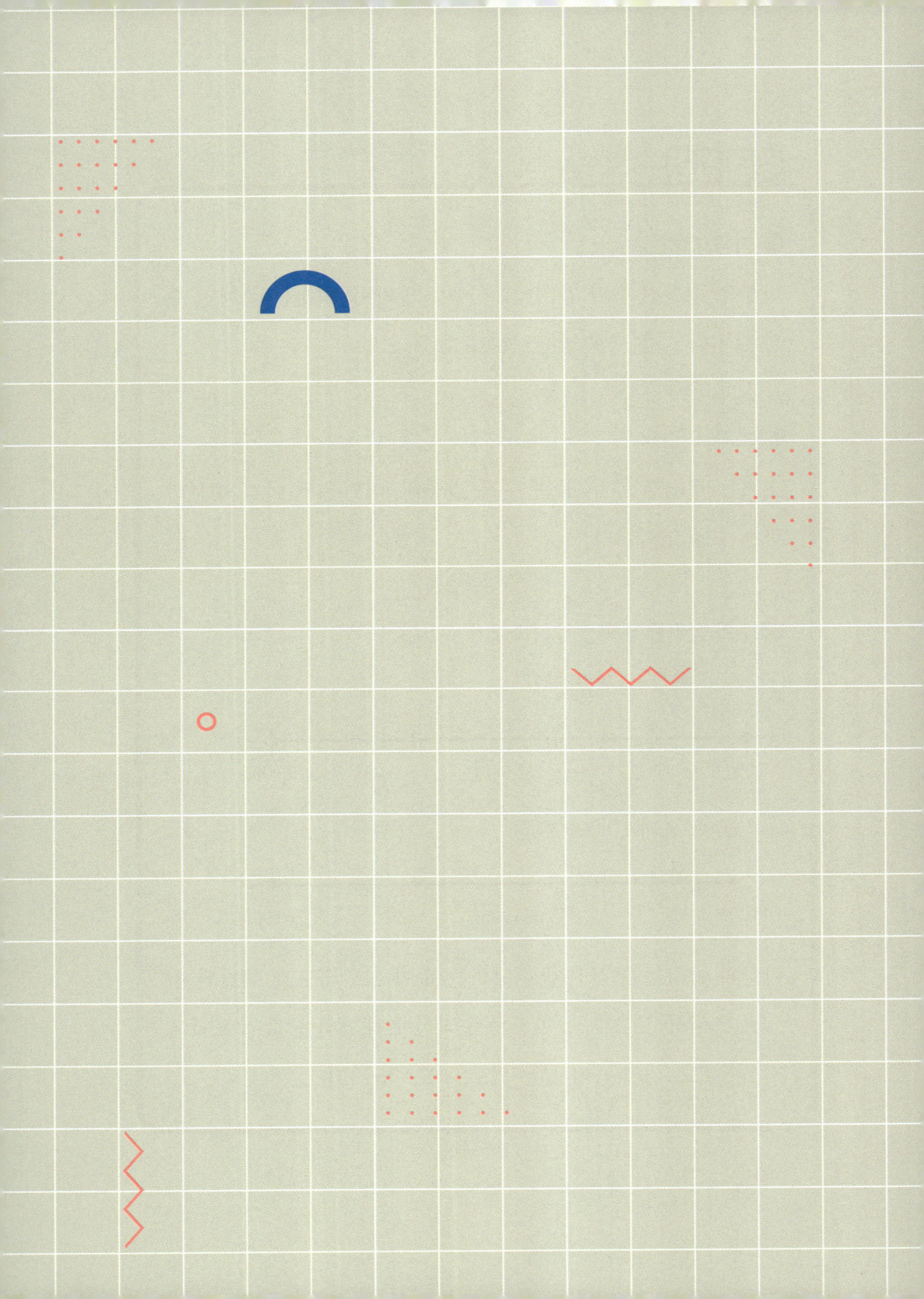

4교시

근삿값과 오차

근삿값과 오차의 의미를 이해합니다.

수업 목표

1. 근삿값과 오차의 의미를 이해합니다.
2. 근삿값에 대한 참값의 범위를 구할 수 있습니다.
3. 근삿값의 표현 방법을 알 수 있습니다.

미리 알면 좋아요

1. **원둘레와 중심각의 관계** 원둘레원주를 구하는 공식은 (지름)×(원주율 π), 원의 두 반지름이 만드는 각은 중심각입니다. 이런 중심각에 대한 호의 길이는 중심각이 커짐에 따라 길어집니다. 따라서 '중심각 : 호의 길이=360° : 원주'라는 비례식이 성립합니다.

2. 비례식 비나 비율에서 비의 값전항 : 후항=$\frac{전항}{후항}$이 같은 경우, 등호로 연결한 식을 비례식이라고 합니다. 예를 들면, $2:4=\frac{1}{2}$이고, $4:8=\frac{1}{2}$입니다. 따라서 $2:4=4:8$과 같은 식을 비례식이라고 합니다. $a:b=c:d$ 또는 $\frac{a}{b}=\frac{c}{d}$로 쓸 수 있습니다.

3. **부등호의 종류와 의미**
$>$: 크다, 초과
$<$: 작다, 미만
$\geq$: 크거나 같다, 이상
$\leq$: 작거나 같다, 이하

이와 같은 부등호를 사용하여 나타낸 식을 부등식이라고 하며, 부등식에서 양변좌변과 우변에 음수를 곱하면 부등호가 바뀝니다. 예를 들면, $5 \leq 8$에서 양변에 (-1)을 곱하면 $-5 \geq -8$과 같이 된다는 것입니다.

4. **절댓값** 수직선에 원점과 그 수 사이의 거리를 말하는 것입니다. 그리고 기호는 | |과 같이 표기하며, (-4)의 절댓값은 |-4|=4가 되며, (+4)의 절댓값은 |+4|=4가 됩니다.

5. **관측과 계측** 육안이나 기계로 자연현상 특히 천체나 기상의 상태, 추이, 변화 따위를 관찰하여 측정하는 일을 관측이라고 하며, 시간이나 물건의 양 따위를 헤아리거나 측정하는 것을 계측이라고 합니다.

가우스의 네 번째 수업

 안녕하세요. 오늘은 네 번째 시간입니다. 지난 시간 예고한 바와 같이 오늘은 근삿값과 오차에 대한 수업입니다.

 자! 여러분, 자신의 책상의 가로 길이를 한번 측정해 보고 옆의 친구와 그 측정값을 비교해 보세요.

 "선생님, 전 45cm인데 제 짝은 46cm라고 하는데요? 같은 책상인데 어떻게 이렇게 다르죠?"

 여러분의 책상은 모두 규격화되어 있기 때문에 사실상 크기가 같아야 합니다. 하지만 두 친구는 서로 다른 길이로 측정값을 구했군요. 다른 친구들은 어떻죠?

"저희도 달라요!"

이와 같이 여러분의 측정값이 각각 다른 이유는 측정 도구 상의 차이일 수도 있고 여러분이 잘못 측정했을 수도 있고, 다른 외적인 조건의 차이 때문에 나타나는 것일 수 있어요. 이와 같이 책상 규격표시에 쓰여 있는 '규격'과 여러분의 측정값들의 차이를 무엇이라고 할까요? 바로 오차입니다. 측정값은 사실 그 자체가 근삿값입니다. 근삿값이라는 것은 어림수의 대표적인 예이죠. 측정값은 측정 도구의 오차, 즉 정확도·정밀성에 대한 정도가 항상 존재하기 때문에 참값이 될 수 없어요.

따라서 설악산의 높이가 1,950m이고, 수학 교과서의 세로 길이가 212mm 그리고 원주율을 3.14라고 했을 때, 이 값은 모두 오차가 존재하는 근삿값입니다.

"그렇다면 '양에 대한 실젯값'인 참값은 존재하지 않는 것인가요?"

아닙니다. 존재합니다. 어떤 것일까요? 이 교실에 있는 학생들의 수가 42명이라고 했을 때, 바로 그 수치가 참값입니다.

　학생들의 수를 측정하는 여러분은 모두 같은 값을 낼 수 있습니다. 또 다른 예로 오늘 내가 은행에서 100,100원을 찾았다면 이 수치도 참값이 되는 것입니다. 만약 제가 금액을 기억을 못하고 약 100,000원을 찾았다고 한다면 이것은 근삿값이 되는 것이고, 오차는 100원이 되는 것입니다. 오차는 근삿값과 참값의 차이입니다.

오차에 대한 의미는 사실상 천체 운행을 정밀하게 관측하고자 하는 필요에서 온 것입니다. 관측치가 다양하게 측정됨으로써 보다 정확한 관측치를 얻고자 하였고, 따라서 오차를 없애는 방법을 강구하였던 것입니다. 이와 같이 다른 학문적 영역에서 핵심적으로 다뤄지는 오차 개념을 이해하는 것이 매우 중요하다는 것을 느끼셨나요? 그럼 계속해 볼까요?

오차의 역사

처음으로 오차의 법칙의 발견한 사람은 갈릴레이입니다. 갈릴레이는 진짜 값이 참값에 대하여 좌우대칭으로 분포한다는 것과, 진짜 값에 가까운 관측값은 아주 많지만 먼 관측값은 드물다는 두 가지 법칙을 발견하였어요. 과학자들이 관측하여 얻은 오차 값들에 대한 빈도를 그래프로 나타내면 종 모양처럼 됩니다.

여기서 빈도가 가장 많은 경우를 진짜 값으로 보았던 것이죠. 그것이 지금의 평균값입니다. 이러한 그래프에 대한 공식을 밝힌 사람은 미국의 로버트 에이드리언과 가우스, 바로 나입니다. 이 곡선이 바로 여러분이 알고 있거나 학교에서 앞으로 학습하게 될 정규분포 곡선이 되는 것이죠. 가우스 분포라고도 하고요.

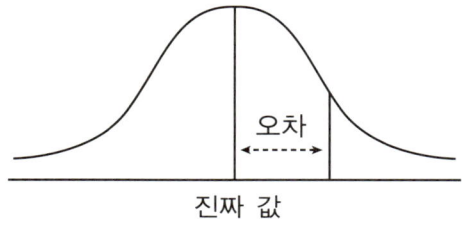

오차에는 항상 '불확실성'이 존재하는 것입니다. 사실 이러한 분포곡선은 확률 개념을 적용하여 나보다 앞서 드무아브르나

라플라스가 이미 발견하였던 것이랍니다.

여기서 중요한 것은 앞의 그림에서도 나타나는 바와 같이, 진짜 값(근삿값)에 오차를 더한 값과 뺀 값 사이에 존재하는 것이 바로 참값입니다. 여기서 참값의 범위와 오차의 한계라는 개념을 발견할 수 있는 것이죠.

내가 연구하던 시절에는 오차에 대한 존재는 인간 세계에 항상 존재하는 것이라고 생각했죠. 인간이 관측하거나 계측하는 경우에는 항상 존재하는 것으로 말입니다. 그리고 참값은 신의 세계에 존재하는 것으로 생각했던 것이죠. 하지만 그 이후에는 어디에도 참값은 존재하지 않고 항상 오차가 존재한다고 생각하는 관점도 있었죠. 여러 학자의 관점이 일치할 수는 없는 것이며, 계속 다른 관점과 발전을 향하는 것이 인간이니 말입니다.

하지만 중요한 것은 이러한 오차에 대한 관점과 오차를 줄이려는 노력이 수학과 과학을 현대 수학과 과학으로 발전을 하게 했다는 점이죠. 여러분이 지금 학습하는 오차와 근삿값에 대한 개념은 앞으로 중고등학교에서 학습하게 될 통계 개념에 기반이 될 것입니다.

그럼 이러한 오차의 한계에 대하여 이야기해 볼까요?

오차의 한계

근삿값에 대한 오차의 절댓값이 어떤 값 이하일 때, 그 값을 근삿값에 대한 오차의 한계라고 해요. 부등식으로 표현하면 다음과 같습니다.

(오차의 한계)≥|오차|, (오차의 한계)≥|근삿값－참값| 단, | |은 절댓값입니다.

오차의 한계라는 것은 오차들에 대한 최댓값입니다. 아무리 오차가 크더라도 오차의 한계보다는 항상 같거나 작다는 뜻입니다. 참, 오차는 어떻게 구한다고 했죠? 그렇습니다. 오차는 근삿값과 참값의 차입니다.

그렇다면 이러한 오차의 한계를 생각할 수 있는 경우는 어림수를 구하는 방법에 따라 구분할 수 있겠죠? 어떤 경우가 있을까요? 첫째, 반올림하여 구할 수 있습니다. 둘째, 측정하여 구할 수 있습니다. 먼저 반올림하는 경우를 생각해 봐요.

반올림하여 구한 근삿값이 0.43이라고 한다면 최소 자리의 단윗값이 0.01이 되는 것이죠. 그러므로 오차의 한계라는 것은 그런 최소 눈금의 $\frac{1}{2}$인 0.005가 되는 것입니다. 반올림하여 0.43이 될 수 있는 수를 다음 수직선에서 생각해 볼까요?

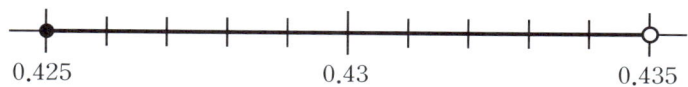

위에서 표시된 수의 범위가 바로 반올림하여 0.43을 구할 수 있는 것이죠. 따라서 각각의 수들이 0.43과 차이가 생기는데 그것이 오차입니다. 가장 클 수 있는 오차의 값이 바로 0.005가 되는 것입니다. 즉, (최소 자리의 단윗값)$\times\frac{1}{2}$인 것입니다.

이번에는 측정하는 경우를 생각해 봅시다.

최소 눈금이 100g인 저울로 측정한 값의 오차의 한계를 생각해 봅시다. 이 저울로 고구마 한 개를 측정했을 때, 측정한 무게에 대한 오차의 한계가 얼마인지 말해 볼 수 있나요?

최소 눈금이 100g이라는 것은 표시된 눈금이 100g 단위라는 것이죠. 그러므로 100g 단위는 정확하게 읽을 수 있지만 그 이하의 단위는 오차가 생길 수 있겠죠? 그러므로 아무리 정확하게 눈금을 읽는다고 해도 오차는 존재하며 그 한계는 (측정 계기의 최소 눈금)$\times\frac{1}{2}$이 됩니다. 따라서 고구마 무게를 아무리 정확하게 읽는다고 해도 오차의 한계가 존재합니다. 그것은 $100 \times \frac{1}{2} = 50\text{g}$입니다.

> **쏙쏙 이해하기**
>
> ① (오차의 한계) ≥ |근삿값 − 참값| 단, | |은 절댓값입니다.
> ② 오차의 한계를 구하는 방법
>   * 반올림한 경우: (최소 자리의 단윗값) × $\frac{1}{2}$
>   * 측정한 경우: (측정 계기의 최소 눈금의 단윗값) × $\frac{1}{2}$

그렇다면 이러한 오차의 한계를 이용하여 참값의 범위를 구할 수 있을까요?

참값이라면 근삿값보다 오차의 한계 범위만큼 크거나 작은 범위에 존재하는 것이겠죠? 그 이유는 오차라는 것이 참값과 근삿값의 차이니까 식으로 정리하면 이렇게 돼요.

|근삿값 − 참값| = |오차|

따라서 참값은 근삿값에 오차를 더하거나 뺀 값이 되는 것이죠.

예를 들면, 왕비님의 발 크기를 측정한 값이 235mm라면, 이것은 최소 눈금이 1mm인 자로 잰 것입니다. 그렇다면 오차의 한계는 다음과 같습니다.

(측정 계기의 최소 눈금의 단윗값)$\times \dfrac{1}{2} = 1 \times \dfrac{1}{2} = 0.5$mm

따라서 왕비님의 실제 발 크기가 존재하는 범위는 다음과 같은 것입니다.

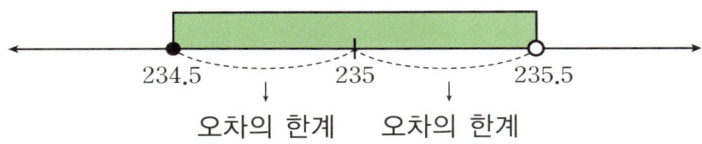

(근삿값)−(오차의 한계)≤(참값)<(근삿값)+(오차의 한계)

여러분 책상에서 흔히 볼 수 있는 물건 중 하나가 무엇이죠? 세계 지도나 지구본은 아마 누구나 다 가지고 있을 것 같아요. 그렇다면 그러한 세계 지도를 제작한 사람이 누구인지 아나요?

"에라토스테네스 아닌가요?"

맞습니다. 우리가 알고 있는 에라토스테네스Eratosthenes, B.C.276?~B.C.194?의 업적 중 가장 위대한 것이 바로 세계 지도 제작이라고 합니다. 그뿐만 아니라 그는 달력 제작에도 관여하여 1년이 365일이며, 4년마다 하루가 덧붙여진다는 것을 알렸죠. 또한 에라토스테네스는 지구 둘레를 측정하였습니다. 얼마나 긴 줄자가 있었기에 가능한 것이었을까요?

"선생님, 진짜예요?"

물론 아닙니다. 동일한 경선 위에 위치한 두 점 사이의 거리를 재어 비례식으로 그 길이를 측정한 것이죠. 에라토스테네스는 지구가 완전한 구형이라고 생각하였으며, 태양 광선이 평행하다고 생각했죠. 따라서 그 당시에 에라토스테네스는 실제로 6월 21일 시에네지금의 이집트 남동부 아스완. 경위도 : 동경32°53′ 북위 24°08′에서 하지 정오에 태양 빛이 수직으로 떨어지고, 같은 날, 같은 시각에 알렉산드리아에서 태양 빛이 수직으로 떨어지는 것이라고 생각해서 두 지역 간의 거리를 측정했어요. 하지만 그 측정 과정에서 알렉산드리아에서는 수직으로부터 7.2° 정도 기울어진다는 것을 알게 되었다고 합니다. 따라서 그 당시 두 지점 사이의 거리는 5,000스타디아1스타디아는 약 190m였다고 하죠. 그 계산 과정을 보면 다음과 같아요.

$$7.2°:925 = 360°:2\pi R$$

$$2\pi R_{\text{지구 둘레}} = 46{,}250 \text{km}$$

에라토스테네스가 계산해 얻은 지구의 둘레는 약 46,250km였어요. 그 길이는 실제 지구의 둘레보다는 15% 정도 큰 값이었죠. 그 원인은 알렉산드리아와 시에네가 같은 경도상에 위치하지 않았다는 점과 지구는 완전한 구가 아니고 적도 쪽에서 볼록한 타원체라는 것이 요인이라고 할 수 있어요.

그렇다면 이때 에라토스테네스가 최소 눈금이 1km인 자로 측정을 하였다면 실제 참값의 범위는 어떻게 될까요?

측정값이 약 46,250km이고 오차의 한계는 0.5km이므로 참값은 색칠한 부분 안에 존재하게 되겠죠?

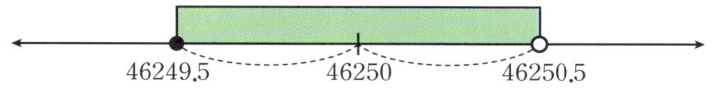

자, 그렇다면 근삿값을 나타내는 숫자 중에서 믿을 수 있는 수는 무엇이며, 믿을 수 있는 숫자를 따라 표시하는 근삿값은 어떤 것인가에 대하여 알아봅시다. 그것은 다음 시간에 하죠. 그럼 다음 시간에 봐요.

수업정리

❶ 근삿값과 오차

측정값 : 자, 저울, 시계, 온도계 등과 같은 측정기로 측정하여 얻은 값을 말합니다.

참값 : 여러 가지 양의 실젯값을 말합니다.

근삿값 : 측정값과 같이 참값에 가까운 값을 말합니다.

(오차)=(근삿값)−(참값)

❷ 오차의 한계

근삿값에 대한 오차의 절댓값이 어떤 값 이하일 때, 그 값을 근삿값에 대한 오차의 한계라고 합니다.

(오차의 한계)≥|오차|, (오차의 한계)≥|근삿값−참값|

⇒ 반올림하여 얻은 근삿값이 $51.4\,cm$일 때 : 측정한 경우

51.4의 끝자리의 자릿값 0.1의 $\dfrac{1}{2}$ → 오차의 한계 0.05

⇒ π의 근삿값을 3.14로 하였을 때 오차의 한계 : 반올림한 경우

$|3.14-\pi|=|3.14-3.141592\cdots\cdots|=|-0.001592\cdots\cdots|$

$$\leq 0.005$$

3.14의 최소 자릿수 $0.01 \times \dfrac{1}{2}$ → 오차의 한계 0.005

❸ 참값의 범위

최소 눈금 단위가 0.1g인 저울로 무게를 쟀더니 21.4g이었다면 참값의 범위는 다음과 같습니다.

21.35 ≤ (참값) < 21.45

⇒ (근삿값) − (오차의 한계) ≤ (참값) < (근삿값) + (오차의 한계)

참값이 21.35일 때 오차의 한계 : 21.4 − 21.35 = 0.05

참값이 21.45일 때 오차의 한계 : 21.4 − 21.45 = −0.05

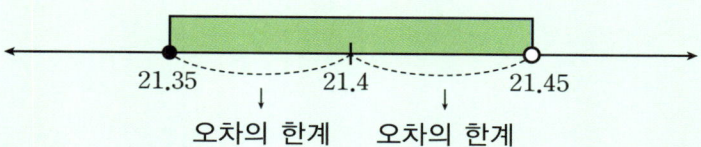

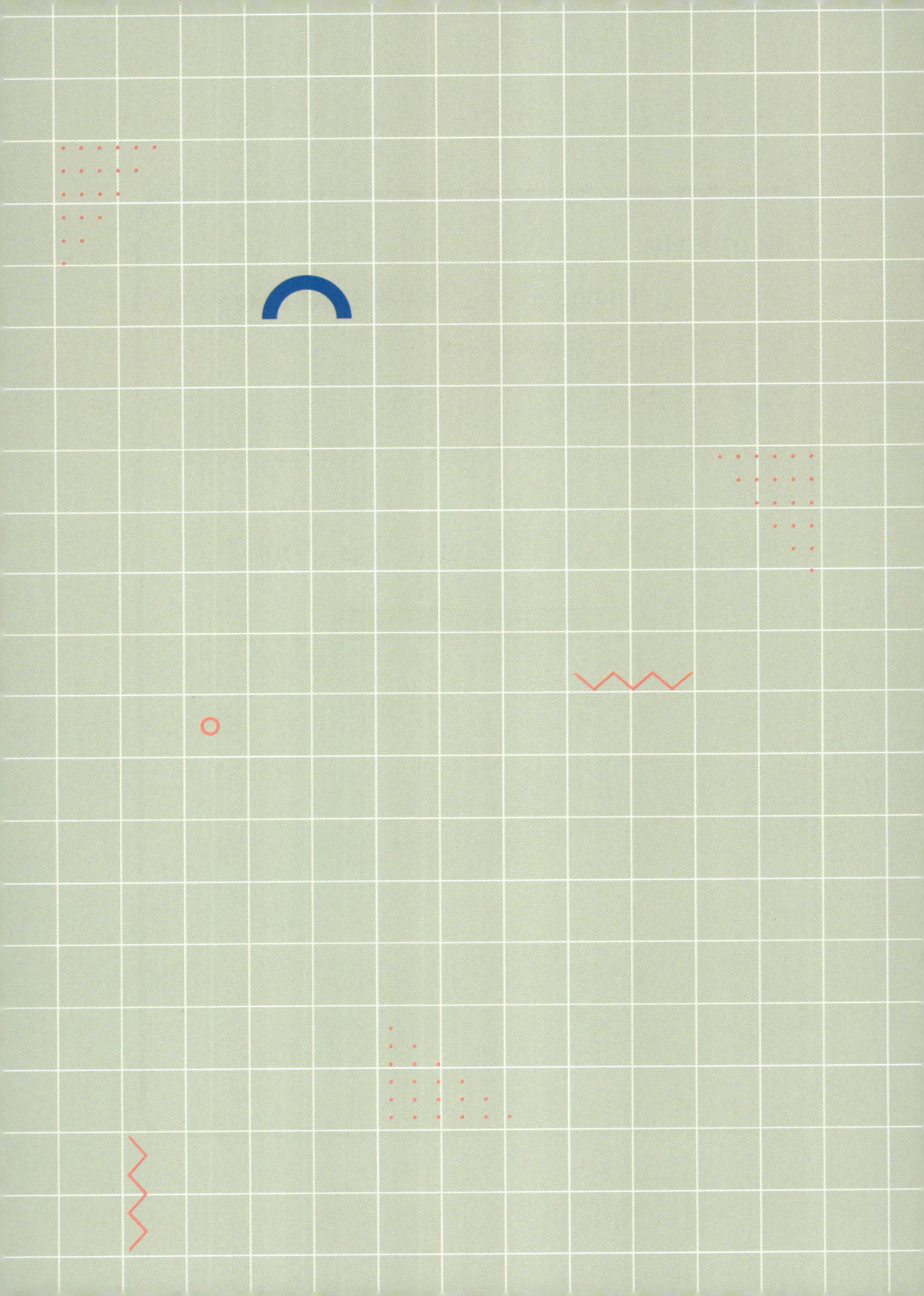

5교시

근삿값의 표현

유효숫자를 이용한 근삿값의 표현 방법을 이해합니다.

수업 목표

1. 유효숫자의 의미를 이해합니다.
2. 유효숫자를 구할 수 있습니다.
3. 유효숫자를 이용한 근삿값의 표현 방법을 이해합니다.

미리 알면 좋아요

1. **원의 넓이** (원주율)×(반지름)×(반지름)=πr^2

2. **거듭제곱** n이 양의 정수인 경우에는 다음과 같이 정의합니다.
같은 수 또는 같은 문자를 몇 번 곱한 것으로 멱冪이라고도 합니다. a를 실수또는 복소수, n을 자연수라고 할 때 a를 n개 곱한 것을 a^n이라 쓰고 'a의 n제곱'이라고 읽습니다. 이때 오른쪽 위에 쓰인 n을 거듭제곱의 지수指數 또는 멱지수라고 합니다. $n=2$의 경우를 제곱또는 평방, $n=3$의 경우를 세제곱이라고 합니다. 그리고 $-n$(n은 양의 정수)인 경우는, $10^{-n}=\dfrac{1}{10^n}$으로 표기합니다.
예를 들면, $10 \times 10 = 10^2$, $10 \times 10 \times 10 \times 10 = 10^4$ 그리고 $5 \times 5 \times 5 = 5^3$입니다. $\dfrac{1}{3} \times \dfrac{1}{3} \times \dfrac{1}{3} \times \dfrac{1}{3} \times \dfrac{1}{3} = \dfrac{1}{3^5}$, $7^{-4} = \dfrac{1}{4^4}$입니다.

3. **전개식** 전개식의 의미는 다항식항이 두 개 이상인 식의 곱을 전개하여 얻은 식입니다.

가우스의 다섯 번째 수업

여러분, 안녕하세요. 잘 지내셨어요? 오늘 수업은 여러분과 제가 지금까지 수업을 진행하면서 생각했던 내용을 말하는 것으로 시작하려고 해요.

과거 고대 수학에서의 변화는 실용성에 있는 것 같아요. 실용성에 기반을 둔 수학은 우주의 별의 개수도 셀 수 있다고 하니까요. 그리고 지구에서 가장 멀리 떨어져 있는 별까지의 거리도 측정하고자 하였답니다. 이와 같이 수학에서의 실용성 중심부에는 '측정'이 있어요. 수업을 진행하면서 다시 한번 느끼는 것은 정말 무엇인가를 알고자 하는 마음이 수학이나 과학 등을 지금까지 발전시킨 원동력이라는 것이에요. 오늘은 지금까지 측정과 측정값을 표현하는 방법에 대한 수업의 절정이라고 볼 수 있을 것 같아요.

유효숫자

원의 넓이를 발견한 수학자를 기억하시나요? 바로 아르키메데스Archimedes, B.C.287?~B.C.212입니다. 그는 고대 그리스인들이 거부했던 측정 문제를 해결하느라 고민했어요. 그는 원의 넓이가 '(반지름) × (원주의 $\frac{1}{2}$)'이라고 하면서 오늘날 원의 넓이를 구하는 공식인 πr^2을 제안하였어요. 이때 얻은 π의 근삿값인 3.14에 여러분은 익숙해져 있죠. 그가 구한 근삿값은 $3\frac{1}{7}$과 $3\frac{10}{71}$ 사이였습니다. 이것은 그 당시뿐 아니라 요즘에도 놀라운 발견이라고 합니다.

이처럼 측정은 수학뿐만 아니라 우리 실생활에 매우 가까이 있어요. 그렇다면 이와 같은 근삿값에서 믿을 수 있는 수는 어떤 것일까요? 오늘은 바로 그 내용에 대하여 공부하려고 합니다.

근삿값을 나타내는 숫자 중에서 믿을 수 있는 수를 유효숫자라고 합니다. 반올림한 경우는 반올림하지 않은 부분의 숫자가 유효숫자입니다. 예를 들면 일의 자리에서 반올림한 근삿값이 1,250일 때, 유효숫자는 1, 2, 5가 됩니다.

측정값의 경우는 실제로 눈금을 읽어서 얻은 숫자입니다. 예를 들면 에베레스트산의 높이를 최소 단위 100m인 자로 측정한 값이 8,800m인 경우, 유효숫자는 8, 8이 됩니다. 이것은 눈으로 확인할 수 있는 숫자인 최소 눈금 단위까지의 숫자를 말하는 것이죠.

다른 경우도 볼까요? 여러분이 초등학교 때 원주율로 사용하였던 수는 3.14입니다. 그것은 소수 셋째 자리에서 반올림한 것이죠. 그렇다면 유효숫자는 3, 1, 4입니다. 하지만 반올림한 숫자가 무엇인지 모를 경우도 있어요!

예를 들면 반올림해서 3,600이라고 했을 때, 확실한 것은 3과 6이 유효숫자라는 것입니다. 반올림하는 숫자는 모두 0이 되니까요. 하지만 반올림하기 전부터 0일 수도 있어요. 따라서 3,600에서 0과 0은 유효숫자인지 알 수가 없는 것이죠. 0.34인 경우는요? 이 경우도 소수 몇째 자리인지 설명이 없더라도 소수 셋째 자리에서 반올림한 것이라는 것을 알 수 있죠. 따라서 유효숫자는 3과 4입니다.

"선생님, 왜 0은 아니죠?"

이때 0은 소수에서 자릿수를 맞추기 위한 수이기 때문에 유효숫자가 아닙니다.

소수점 아래에서 반올림하는 경우는 어떨까요?

$$0.06, 0.305, 0.060$$

이 세 수에 대하여 생각해 봅시다.

0.06의 경우는 소수점 아래에서 반올림했기 때문에 유효숫자는 6입니다. 0과 0은 자릿수를 맞추기 위한 수단인 것입니다.

0.305인 경우는 자연수 부분인 0은 유효숫자가 아니며 3, 0과 5는 유효숫자입니다.

0.060은 어떨까요? 자연수 부분인 0은 유효숫자가 아니라는 것은 알고 있죠? 소수점 아래에서 반올림한 것이니까요. 그러면 소수 첫째 자리 0과, 6, 그리고 소수 셋째 자리 0은 어떨까요? 소수 첫째 자리 0은 유효숫자가 아니죠. 자릿수를 맞추기 위한 것이니까요. 따라서 6과 소수 셋째 자리 0이 바로 유효숫자입니다.

정리하면, 0의 경우는 '유효숫자, 유효숫자가 아님, 유효숫자인지 알 수 없음'이라는 세 가지 경우가 가능한 것입니다.

쏙쏙 이해하기

· 근삿값을 나타내는 숫자 중에서 믿을 수 있는 수가 유효숫자입니다.

· 0은 '유효숫자, 유효숫자가 아님, 유효숫자인지 알 수 없음'이라는 세 가지 경우가 가능합니다.

근삿값의 표현

돼지 저금통을 잘라서 돈을 세지 않고 어림해 보았더니 약 4,670원이었다고 생각해 보세요. 그런데 부모님께서 백의 자리에서 반올림한 돈을 다시 저금통에 넣어 주신다고 말씀하셨다면 부모님께서 주시게 되는 돈은 5,000원이 되겠죠?

그렇다면 5,000원을 거듭제곱을 사용하여 표시하는 방법에는 어떤 것이 있을까요?

$500 \times 10, 50 \times 10^2, 5 \times 10^3, 0.5 \times 10^4$ 등이 있습니다.

다양한 방법이죠! 그래서 방법을 통일하기 위해서 규칙을 정했습니다.

$1 \leq (유효숫자) < 10$으로 나타내기로 말입니다. 따라서 백의 자리에서 반올림한 수 5,000은 다음과 같습니다.

$$5 \times 10^3$$
$$(1 \leq (유효숫자) < 10)$$

이때 참값의 범위를 알아보면, 오차의 한계가 500이므로 남은 돈에 대한 참값의 범위는 다음과 같은 것이죠.

4,500≤(돼지 저금통에 있었던 돈에 대한 참값)<5,500

그 밖에 다른 경우에 대한 근삿값의 표현도 해 볼까요?
㉠ 일의 자리에서 반올림하여 얻은 근삿값=1230=1.23×10^3
㉡ 십의 자리에서 반올림하여 얻은 근삿값=1200=1.2×10^3
유효숫자는 위의 예에서 반올림하지 않은 부분인 1, 2, 3과 1, 2입니다.

1.23×10^3에서 유효숫자는 1, 2, 3
1.2×10^3에서 유효숫자는 1, 2

> **쏙쏙 이해하기**
>
> 유효숫자가 a인 근삿값의 표현은 다음과 같습니다.
> $a \times 10^n$ ($1 \leq a < 10$, n은 양의 정수)
> $a \times \dfrac{1}{10^n}$ ($1 \leq a < 10$, n은 양의 정수)

이제 좀 정리가 되었나요? 여러분이 정리한 내용을 얼마나 이해했는지 스스로 점검해 보는 시간을 갖기로 합시다.

다섯 개의 그룹으로 나눠서 내가 주는 쪽지에 기록되어 있는 문제에 대하여 답을 작성하거나 올바른 문장을 만들어 보세요. 다섯 개 쪽지 중에서 두 개 쪽지에는 문제가 없습니다. 백지를 뽑은 조는 다른 조의 발표를 잘 듣고, 자신의 생각과 비교하면서 생각해 보세요!

"저희는 3조입니다. 저희 조가 선택한 쪽지의 문제는 다음과 같습니다."

> **문제 풀기 1**
>
> 수은 전지의 지름의 길이를 최소 눈금이 1mm인 자와 0.1mm인 자로 재었더니 모두 20mm이었다. 각각의 경우에 대한 유효숫자를 구하시오.

"우선, 최소 눈금이 1mm인 자인 경우는 일의 자리까지 눈으로 확인할 수 있는 수이므로 유효숫자는 2, 0입니다. 그리고 최소 눈금이 0.1mm인 자의 경우는 소수 첫째 자리까지 확인할 수 있으므로 유효숫자는 2, 0, 0입니다."

"저희는 1조입니다. 3조의 생각은 옳다고 생각합니다. 최소 눈금까지가 눈으로 확인할 수 있는 수이기 때문에 의미가 있습니다. 저희 조의 문제는 다음과 같습니다."

> **쏙쏙 문제 풀기 2**
>
> 태평양의 깊이에 대한 근삿값은 4,280m이다. 여기서 유효숫자가 네 개라면, 유효숫자는 무엇인지 구하고 그 숫자와 10의 거듭제곱을 사용하여 근삿값을 표현해 보시오.

"먼저 유효숫자는 네 개이므로 4, 2, 8, 0입니다. 그리고 10의 거듭제곱으로 표현하는 조건은 '$a \times 10^n$ $1 \leq a < 10$, n은 양의 정수'입니다. 따라서 4.280×10^3이 됩니다."

"저희는 2조입니다. 궁금한 것이 있습니다. 4.280은 어떻게 결정되는 것이죠?"

"$a \times 10^n$ $1 \leq a < 10$, n은 양의 정수에서 a는 1이상 10 미만입니다. 따라서 42.280이나 0.4280과 같은 수는 틀린 것이 됩니다."

"이제야 이해가 됩니다. 그럼 저희 조의 쪽지 문제를 해결하겠습니다. 이 문제를 읽고 어떤 내용인지 파악하는 것이 잠시 어려웠어요. 하지만 결국 주어진 측정값으로 참값의 범위를 구하라는 문제라는 것을 알게 되었어요."

문제 풀기 3

할머니로 변장한 마녀는 백설 공주에게 사과 무게와 바구니 무게를 설명했다. 백설 공주는 할머니로 변장한 마녀가 잠시 자리를 비운 사이에 마녀가 가져온 사과에 독이 있는지를 확인하기 위하여 바구니와 사과를 함께 최소 눈금 10g인 저울로 측정했다. 측정값은 1.30×10^3g으로 측정 결과, 사과에는 독이 들어 있지 않다는 것을 알게 되었다. 마녀가 백설 공주에게 알려 준 실제 바구니와 사과 무게의 합에 대한 참값의 범위를 구하시오.

"측정값 1.30×10^3에 대한 유효숫자는 세 개이고, 측정값은 1,300g이 됩니다. 이때 유효숫자가 1, 3, 0이고, 최소 눈금이 10g이므로 일의 자리에서 반올림한 것으로 오차의 한계는 5g입니다. 일의 자리에서 반올림한 것이죠. 그러면 사과와 바구니의 참값의 범위는 다음과 같이 됩니다."

$$1{,}295 \leq (사과와 \ 바구니 \ 무게의 \ 합의 \ 참값) < 1{,}305$$

"참값의 범위를 구하는 공식이 다음과 같기 때문입니다."

(근삿값) − (오차의 한계) ≤ (참값) < (근삿값) − (오차의 한계)

　4조와 5조는 백지를 뽑았군요! 1, 2, 3조가 발표한 내용을 들으면서 도움이 되었기를 바랍니다. 여러분! 가우스와 함께한 근삿값과 오차에 대한 수업은 여기까지입니다.

　여러분이 아침에 눈을 떠서 잠자리에 드는 순간까지 오차와 함께 생활할 것이라고 생각해요. 예를 들면, 오늘 온도는 어느 정도 될까? 아침을 먹고 학교를 가기 위한 준비를 하는 데 걸리는 시간은? 그리고 학교 수업을 끝내고 집까지 오는 데 걸리는 시간은? 또 무엇이 있을까요? 신문 기사에서 제시되는 경제 성장률이나 어떤 사건에 대한 피해자 수, 농작물의 생산량 등 너무도 많을 것입니다.

　수학자나 과학자들이 정확한 관측이나 계측을 위하여 오차를 줄이기 위한 방법을 연구한다면, 우리 생활은 정확하게 측정하기 위해 참값보다는 오차를 포함하는 근삿값과 더욱 친하게 되는 것이죠.

이렇게 우리 생활에 가까운 오차와 근삿값을 이해하고, 그러한 개념이 어느 분야에 적용되는가를 탐구하는 것은 의미가 있다고 봅니다.

여러분도 저와 함께 근삿값과 오차를 구하는 계산에 몰두하셨나요? 앞으로 저와 함께했던 시간을 발판 삼아서 더욱 의미 있는 학습으로 발전되길 바랍니다. 안녕히 계세요!

수업정리

❶ 유효숫자

근삿값을 나타내는 숫자 중에서 믿을 수 있는 수가 유효숫자입니다. 4,678을 십의 자리에서 반올림하면 4,700이고, 이때 유효숫자는 4와 7입니다. 그리고 최소 눈금이 10g인 저울로 측정한 측정값이 4,730g인 경우는 유효숫자가 4, 7, 3입니다.

❷ 근삿값의 표현

반올림하거나 측정값으로 나타낸 근삿값은 유효숫자와 10의 거듭제곱으로 표현합니다. 소수 넷째 자리에서 반올림하여 구한 적혈구의 지름이 0.007mm인 경우, 유효숫자는 7입니다. 근삿값은 다음과 같이 표현합니다.

$$7 \times \frac{1}{10^3}$$

최소 단위 1000m인 자로 측정한 에베레스트산의 높이가 9,000m라면 유효숫자는 9입니다.

근삿값 표현은 다음과 같습니다.

$$9 \times 10^3$$

다음은 운동장의 둘레를 측정한 값이 4,678m인 경우에 대한 근삿값입니다.

㉠ 일의 자리에서 반올림할 때의 근삿값 = 4,680 = 4.68×10^3

㉡ 백의 자리에서 반올림할 때의 근삿값 = 5,000 = 5×10^3

☞ 4678 → 4680 = 4.68×10^3의 유효숫자는 4, 6, 8

☞ 4678 → 5000 = 5×10^3의 유효숫자는 5